Critical Investing

终极价值投资

大数投资的方法、原理及思想

齐东平◎著

中国人民大学出版社
·北 京·

自序：在看上去不确定的世界里做有确定结果的事

——运用大数投资获取安全投资收益

当新年钟声敲响的时候，我的投资生涯也进入第21个年头。回顾20年的投资历程，我的内心充满感怀，不仅因为投资收获了金钱，更重要的是投资过程改善了我的思维。这个世界看上去那么变化不定，但只要有世界运行自有其规则的意识，就会在某些方面发现其规则，就能在看上去不确定的世界里做有确定结果的事。股票投资亦如此，股票价格波动看上去变幻莫测，但全部上市公司整体持续着高于社会全部企业的盈利水平，而且全部上市公司整体净资产及其利润相互影响循环增长，显然，投资全部上市公司理应获得合理收益。大数投资就是依据概率抽样选择少数样本可以代表全部样本的统计原理，以概率抽样选择少数上市公司拟合投资全部上市公司的投资方法，组合投资、低估值构建组合和长期持有是大数投资的基本原则。

我在20年前开始投资股票时，基本的理由是，股票就是股份，既然是股份，买股票就是买企业，而且很少的钱就可以投资上市公司，容易投资。但也曾遇到问题，如企业的净资产和利润等财务指标是不是真实，企业现在有收益是否意味着未来有收益，特别是曾经试图预测个别企业股票的价格波动。

在为预测企业净资产以及价格变动寻找方法时，统计学知识帮我弄清了一个事实，即不管个别企业净资产、盈利或股价如何变动，全部上市公司每年都能够持续稳定盈利，而且全部上市公司净资产收益率高于全社会的平均水平。这时我意识到，只要长期投资全部上市公司，必然有较好的投资回报。那么如何才能投资全部上市公司呢？我注意到了大数定律等统计原理的适用性，即使用概率抽样方法选择一组数量不大的上市公司做组合投资，就可以对全部上市公司进行拟合投资。只要长期坚持做组合投资，自然会有合理的投资回报。这就形成大数投资的两项原则：组合投资和长期投资。

大数投资的另一项原则是以低估值构建投资组合。虽然股票价格不能预测，但既然有了净资产和企业盈利做标准，价格向下波动正好带来以低估值构建组合的机会；价格上升时，卖出股票，进一步降低成本甚至收回投资。这一买一卖之间蕴涵了以逆向投资为内容的投资策略和交易准则（具体的投资策略和交易准则在正文中有详细的介绍）。

由于企业净资产、利润以及股票价格变化结果都是数字，所以大数投资的基本内容可以用量化形式表达，操作简便。

总的来说，大数投资就是以概率抽样方法选择少数上市公司构建投资组合拟合投资全部上市公司的投资方法。这一投资方法的基本逻辑如下。

1. 投资一国的所有企业是没有风险的

一个国家经济社会正常运行，每年就需要有新增加的产品和服务，从全社会角度汇总新增产品和服务的价值总和称为 GDP。在现代经济中，GDP 除少量以个人、家庭以及政府为单位统计外，绝大部分以企业为单位统计汇总，即 GDP 大部分来源于企业。从分配上讲，GDP 主要分为税收、个人收入、捐赠和企业利润，也就是说，GDP 中必然包含企业利润，因此投资全部企业整体上必然有收益。

大数投资的基础是国民经济整体及其社会的生存和发展，从这个意义上讲，以投资全部企业为基础的投资是对人的生存的投资。就经济持续运行本身而言，人的生存是经济运行的终极价值，以投资全部企业为基础的投资就是终极价值投资。有人的生存，全部企业整体就有收益，这样就从根本上确认了一个道理，以全部企业为投资对象的投资必然有稳定合理的投资收益。

2. 投资全部上市公司不仅可以像投资全部企业一样没有投资风险，而且可以有较高的投资收益

我国沪深证券市场 25 年的运行实际，以及发达国家更长的实践都表明，全部上市公司比同时期社会全部企业有更高的盈利能力。例如 1995—2014 年的 20 年间，我国全部企业年均净利润

水平大约为10%，同时期上市公司年均净利润水平超过12%，显然投资全部上市公司比投资国民经济中的全部企业有更高的投资收益。

3. 用概率抽样方法能够实现以投资少数公司投资全部上市公司的目的

概率抽样也称为随机抽样，用来在众多样本中随机抽取一定数量的样本代表全部样本。在总样本数为千位数的情况下，抽取样本数超过30时，所抽取的样本数与总体样本的拟合程度可达到90%。这里概率是指每个样本被抽到的可能性，概率抽样就是每个样本被抽到的可能性相同或机会均等的抽样方法。

4. 上市公司再融资能为长期投资者创造外生价值

上市公司增发或配股等再融资行为往往受到市场诟病，似乎上市公司有一味向投资人索取的嫌疑，但是，真正的投资人会发现，上市公司再融资不但不是什么坏事，相反，恰恰能给投资人带来更高收益。除了前面谈到上市公司盈利水平高于全社会企业平均水平使投资人能够获得利润带来的净资产增值之外，投资上市公司的投资人由于上市公司再融资还可获得转移的净资产价值，投资因此可获得更高的收益。上市公司盈利为投资人带来的收益可称为内生价值，企业再融资时，后期投资人向先期投资人无偿转移净资产所带来的收益可称为外生价值，投资上市公司可以获得内生价值和外生价值双重收益。当上市公司再融资时，已经持有上市公司股票的投资人和认购增发股票的投资人相比，前者是先期投资人，后者是后期投资人。一般来说，公司再融资时，新增股份的发行价格虽然比现有股票的价格低，但往往高于现有股份的净资产，新增股份的发行价格就是新股东的权益，由于会计处理上要求平权，即新老股东权益要求一致，认购新增股份的新投资者将自己的一部分权益无偿转给该公司现有股东，形成现有股东仅仅凭借再融资就可以使自己的净资产增加的独特现象。过去20年间，沪深证券市场的先期投资人每年获得复利收益的外生价值大约为3%。由于外生价值的作用，过去20年间长期投资上市公司的投资人净收益年均复利增长水平为15%左右。

5. 股票价格的无规则波动能给投资人带来超额收益

投资上市公司可以获得的第三重收益是市场价格上涨带来的超额收益。组合投资保证投资人既有安全底线，也有内生价值和外生价值的收益底线，所以，如果股市价格下跌，完全可以采取置之不理的态度。因为不管价格如何下降，投资组合总体净资产不但不会减少，以后还会增加。从以往世界市场的情况看，纽约证券交易所20世纪经济大危机时股票下跌的极端情况无非是市场整体市净率为1倍而已。但价格如果短期大幅上涨，投资人反而可以卖出那些上涨的股票。

6. 在合理估值水平下构建投资组合有更高的投资收益

我们所关注的估值主要有两个：市净率和市盈率。通常，购买上市公司的股票价格高于其净资产价值，即投资上市公司所花费的成本不是与净资产相同的“平价”成本，而是高于其净资产的“溢价”成本。市净率和市盈率指标将“溢价”状况量化出来，估值既是投资上市公司所花费价格与其价值的溢价水平指标，也是投资上市公司的成本基准。只要在估值合理时构建投资组合，投资上市公司就能获得较高的投资收益。根据沪深两个股票市场的统计结果，以往的年化平均估值水平大约为市净率 2 倍和市盈率 20 倍的水平，每个行业在市净率 2 倍至 1 倍之间、市盈率 20 倍至 10 倍之间配置资金，这样的投资组合比投资全部上市公司有更好的投资收益。

7. 长期持有投资组合有复利收益效应

“长期持有”本应是投资任何企业的前提，投资上市公司也不例外，特别是上市公司股价与其盈利及其净资产增长并不同步变化甚至有时背离，使得长期投资有了更加特殊的意义。短期而言，即使投资组合样本企业总的净资产价值增长，但如果市场估值水平继续下降，投资组合样本企业的市场价格同样会下跌，于是短期衡量投资不但没有收益反而可能会亏损。但是，长期衡量，投资组合样本企业的净资产将较大幅度上涨，在一定的估值水平下，投资组合样本企业股票的市场价格也必然上涨，因此“长期持有”也是投资上市公司的一个前提。

投资上市公司的收益模式是一种复利增长模式。由于所选择的投资组合每年有盈利，由此使投资组合企业的净资产增长，增长的净资产下一年能够带来更多的盈利。投资组合企业净资产和利润年复一年地彼此推动，投资人因此可获得复利投资收益。

需要提醒投资人注意的是，对于长期投资也不应僵化理解。以 12％的年化收益率，投资收益大概 6 年翻一倍；如果以 15％的年化收益率，投资收益大概 5 年翻一倍。上市公司每年的净利润率大于 12%，投资收益 5～6 年翻一倍比较正常，但如果短期股票价格暴涨，投资人也应及时卖出股票以不断降低成本、实现投资收益。

8. 投资策略和交易准则能够进一步提高投资收益

为了提高投资的收益水平，大数投资制定了相应的投资策略和交易准则。投资策略有逆向投资和绝对胜算投资两项基本策略，交易准则有降低投资成本准则、永续投资准则和“2/3 上限”准则。其基本逻辑是，以合理估值为基准，与价格波动方向逆向操作，以实现低成本投资进而获得较高收益的目标。价格越低，即估值越低，配置组合资金比例越高，反之亦然，并以同样逻辑的交易准则具体操作。

9. 大数投资方法的可重复性源于科学原理和科学思想

大数投资方法的可重复性源于科学原理。大数投资方法是按照科学方法构建的，同时成为一种可操作的科学方法。首先，作为方法论的科学方法是指通过系统观测而获得知识的方法，由科学方法所形成的结论，既来自于经验，也需要实证检验，大数投资正是结合个人投资经验和整个证券市场的实证检验得出来的。其次，大数投资方法作为一种应用方法符合可重复的应用科学方法的三项标准。第一，这个方法有基本逻辑。大数投资给出的基本逻辑是，以概率抽样组合投资、低估值买进和长期持有能够获得合理的投资收益。第二，这个逻辑通过回溯结果实证检验成立。无论是沪深股市 20 多年的历史，还是国外更长时间的实证结果，都证明大数投资是有效的。第三，这个基本逻辑的可重复性能够被以下逻辑支持：只要人类持续生存，为人类提供生存所需的全部企业整体也能够生存，因此也能够有一定的利润收益，全部上市公司未来就能获得合理利润收益，拟合全部上市公司的投资也必然有收益。认识到大数投资是以人类生存为基础的投资，投资人对投资未来可充满信心。

大数投资方法源于科学原理，还表现在大数投资体现了运用概率将不确定性转化为确定性的原理。什么条件下概率可预知、概率用于统计归纳可做确定决策等在大数投资中均得到体现，使得投资人在看起来不确定的世界中做有确定结果的事有了更坚实的依据。

大数投资的可重复性也源于其科学思想。以科学思想思考，能对人类发展变化中的具体行动方法以及背后的原理有清楚认识。人类学的研究成果表明，700 万年前古猿向人类进化的漫长历史之开启，起因于单个古猿获取食物的能力远低于同时代的单个的黑猩猩、大猩猩等其他“人科动物”，古猿因此不得不以共同协作方式获取食物，由此，古猿进化出利己和利他双重性，而黑猩猩等“人科动物”持续维持着利己性进化。到底是突变使得古猿大脑发达起来反而四肢变弱而不得不合作，还是合作导致大脑发达，科学上尚无结论，但是人类自古猿开始所维系的利己和利他双重性已经持续了 700 万年的历史。企业是人类为了更好地生存和发展在近几百年中所创造的配置资源的组织，无疑会带有人类长期进化中的特性。企业不维护自己的利益就失去了存在的意义，而企业不为他人创造利益同样也无法持续存在。全部企业作为一个整体一定能够存在和发展下去，以全部企业为基础的投资也一定能够长期获得合理收益。

目 录

CONTENTS

第一章 **大数投资概述** 1

大数投资操作框架 1

投资上市公司获取收益的来源 10

大数投资的长期收益模式 27

大数投资的有效性得到长期实践的检验 32

第二章 **投资组合的构建与调整** 42

运用概率抽样方法选择企业构建投资组合 42

投资组合的动态调整 56

第三章 **企业股票估值法** 62

企业股票估值法分类 63

大数投资的估值方法 67

企业股票估值的其他方法 78

第四章 **大数投资的投资策略** 94
大数投资的基本投资策略 95
大数投资的辅助投资策略 106
第五章 **大数投资的交易准则** 119
交易准则 1：降低投资成本准则 122
交易准则 2：永续投资准则 130
交易准则 3："2/3 上限"准则 134
第六章 **大数投资的原理** 145
大数投资是科学方法 148
运用概率将不确定性转化为确定性 154
证券市场价格不可预测 169
第七章 **大数投资的思想** 178
认识自然规律有助于人们更好地认识社会规律 179
人类所受的伤害亦来自于人类进化的不完美 191
健康生活远离异化 194

参考文献 200
后 记 205

第一章/*Chapter One*

大数投资概述

大数投资是以概率抽样方法选择少数必要数量的上市公司构建投资组合拟合投资全部上市公司的投资方法。以概率抽样选择企业组合投资、在合理估值水平下构建投资组合、长期持有投资组合这三项原则，构成了大数投资的核心内容，投资人做到这三点就能获得稳定且较高的投资收益。由于证券市场股价持续波动等原因，投资人难免有交易冲动，为了适应投资人渴望交易的心理需求又不至于背离上述三项原则，大数投资还设计了相应的投资策略和交易准则。

大数投资操作框架

大数投资的目标是以拟合投资全部上市公司为基础，并通过选择企业时的低估值成本优化以及恰当的投资策略和交易准则的设计，取得较高的投资收益。大数投资操作框架由作为投资基础的核心原则和优化投资的投资策略及交易准则构成。

一、以概率抽样方法选企业做组合投资

组合投资就是选择一组样本上市公司进行投资，这样一组样本企业的总体净资产状况及收益水平与全部上市公司的总体净资产状况及收益水平相当。组合投资能够以投资少数上市公司拟合投资全部上市公司，每年获得合理的利润回报。我国沪深股市自创立以来的 20 多年，平均年化净资产收益率超过 12%，那么拟合全部上市公司的投资组合也能达到这样的净资产收益水平。

由统计原理可知，构建拟合全部上市公司的少数企业的投资组合，用符合概率抽样原理的抽样方法可以做到。全部上市公司是一个可以统计分析的样本总体，运用概率抽样方法可以选出少数上市公司组合投资实现对全部上市公司的拟合投资。

概率抽样方法分为完全随机抽样、系统抽样、分层抽样、整群抽样等。由于沪深上市公司总数以千为单位尚不足够多，暂不需要使用整群抽样等抽样方法。如果使用完全随机抽样和系统抽样又可能选出 ST 类等业绩较差公司而难以被人们接受，这两种抽样方法也有一定局限。比较而言，分层抽样可以作为一种恰当的随机抽样方法用于选择企业构建投资组合。

分层抽样也可称为分类抽样，是将所有样本先按某种标准分组

或分群，然后再从不同组、群中抽样的方法。以分层抽样法选择组合样本企业时，可将行业作为分组标准，按照抽取样本数大于30的要求，上市公司所属的行业数应超过30个。目前广泛使用的几种产业标准分类法其行业总数都多于30个，投资人可直接使用。例如，许多券商提供的交易软件列出的行业数有50多个，每个行业所配置的资金不超过3%，所选择的行业数不会少于30个。至于是不是选择更多的样本，则由投资人视投资管理方便与否确定。如果投资人不觉得较多样本烦琐，可以将资金配置到更多行业中。

确定好要配置的行业后，就可以在行业中选择低估值的企业进行配置。构建投资组合时将资金配置在30个行业或超过30个行业的企业中，每个行业配置的资金不超过3%，在同一个行业内可以投资一家企业，也可以投资几家企业。具体投资行业内的哪家企业，以估值孰低原则进行，具体可结合下面的内容进行操作。

二、以股票估值作为构建投资组合的成本基准

估值是指股票价格与价值的比值，股票估值指标有市净率和市盈率等多种指标。市净率是某一单位股票价格与其同一单位股票净资产的比值；市盈率是某一单位股票价格与其同一单位股票净利润的比值。

选择上市公司构建投资组合以其净资产和盈利为其价值基准，但购买这些净资产时需要以股票价格支付，而股价通常高于其净资产，也就是说，需要以溢价为成本进行投资。溢价高低标志着成本

高低，市净率与市盈率是表现投资溢价水平的直接指标，其结果表明了投资企业成本的高低。观察证券市场长期运行的情况，可以统计出市场长期平均市净率与市盈率的结果，以此为参考可以确定低估值基准，一般把低于估值平均水平的实际估值结果作为低估的基准。确定低估值作为构建投资组合的投资成本基准，既来自于投资的逻辑原理，也来自于实证结果。中外证券市场长期运行的实践证明，以低成本即低估值为基准构建投资组合，其收益水平高于市场的平均收益水平，由此在投资安全的基础上对收益实现了优化。

市净率以绝对数为单位，表明相同单位股票价格对其净资产的倍数关系。相同单位是指股价和净资产的单位相同，例如，每股股价除以每股净资产，或者全部上市公司的市值除以全部上市公司的净资产总额等。从短期看，市净率的高低意味着股票溢价水平的高低；从长期看，市净率的高低则意味着构建投资组合时投资成本的高低。要求过低的投资成本会增加投资难度，无法较快构建投资组合；不计成本、在较高估值状态下构建投资组合，显然会降低投资收益；而以平均估值为投资成本的边际标准，坚持估值越低配置资金比例越高的原则，既不会增加投资难度，也可实现低成本投资的目标。以往沪深股市企业长期年化平均市净率为 2 倍左右，以市净率为成本基准构建投资组合，应低于上述平均估值水平。

市盈率同样以绝对数为单位，表明相同单位的股票价格对其净利润的倍数关系。相同单位是指股价和净利润的单位相同，例如，每股股价除以每股净利润，或者全部上市公司的市值除以全部上市公司的净利润总额等。短期看，市盈率表现为股价对其净利润的溢价水平，或者以企业现有盈利水平衡量的投资回收期的年限；从长期看，市盈率与市净率一样是投资成本高低的基准。以往沪深股市长期年化平均市盈率为 20 倍左右，以市盈率为基准构建投资组合，应低于上述平均水平。

三、以长期作为投资上市公司的合理时间

以上市公司的组合投资拟合对整个国民经济进行投资，是以净资产及其盈利所带来的净资产增长为基础的，而企业经营利润及其净资产的增长是个渐进的过程，所以投资本身就蕴涵长期的要求。

上市公司股价变化与其收益以及净资产变化并不同步的特点，更是决定了必须长期投资才能获得合理收益乃至超额收益。

第一，组合投资上市公司获得稳定合理投资收益的模式是一种“资产增值＋利得”的收益模式。资产增值来自企业利润和再融资的转移资产价值，利得是所投资股票价格上涨形成的股价差价收益。推动股价上涨的因素是公司价值增值，而公司价值增值是一个长期过程。无论是上市公司每年的利润收益，还是老股东所获得的转移资产，都是在上市公司长期运行中实现的。而由组合投资企业总体净资产稳定增长推动的总市值的增长，也是长期才能体现出来的。

第二，组合投资上市公司的收益模式是一种复利增长模式。由于所选择的投资组合每年有利润收益，由此带来投资组合企业的资

产增长，增长的资产下一年能够带来更大的利润收益。投资组合企业的资产和利润年复一年地彼此推动，使投资人获得复利投资收益，这种复利收益也是长期才能体现出来的。

第三，投资人长期投资有可能分享企业股票价格随机变化带来的超额收益。简单地讲，超额收益是指超过市场平均收益水平的较高收益。进一步讲，所谓超额收益，是指投资组合中的个别企业价值有超常增长并推动其价格超常上涨，甚至企业价值没有显著增长而只是其价格超常上涨，由此给投资人带来的收益。由于种种原因，投资组合中的个别企业股价可能会暂时下降，甚至可能由于亏损并最终被清算给投资人造成个别损失。但是，由于所构建的投资组合的利润以及资产的增长水平与全部上市公司的利润以及资产增长水平基本拟合，投资组合的价格长期总体上仍会上涨。这样，组合投资确保了投资人有安全合理的投资收益。与此同时，坚持长期持有投资组合，个别企业股票随机上涨发生的概率较高，由此使投资人获得超额投资收益。

四、以投资策略和交易准则优化投资

投资人要获得合理的投资收益，需要坚持原则，但因此可能与投资人偏好交易的心理产生冲突。这里所说的优化投资，一是指所设计的投资策略和交易准则能够帮助投资人在坚持组合、低估值和长期持有的原则下，通过有规则的交易缓解心理冲突；二是设计恰当的投资策略和交易准则能够适当提高收益水平。

1. 投资策略可实现以更低成本构建投资组合的目标

投资策略是实施投资的方略，是按照概率抽样方法以及估值原则构建投资组合、调整投资组合的实施方案。低估值构建投资组合原则提出了两个具体目标：一是按照概率抽样方法选择样本企业构建拟合全部上市公司的投资组合；二是构建投资组合需符合低估值要求。投资策略是制定将这两项内容结合起来构建投资组合的方案。大数投资的基本投资策略有绝对胜算策略和逆向投资策略两项内容。

绝对胜算策略是指实际投入一个行业的资金占计划投入该行业资金的比例以绝对胜算概率值确定。绝对胜算概率值等于胜算概率值减去不可胜算概率值。绝对胜算概率值可依据公式 $X=2P-1$ 求出，其中 X 为投资绝对胜算概率值，即为实际购买某行业股票的资金占计划投入该行业资金的比例。P 为投资胜算概率值，由估值对应求出。当某行业企业股票的市净率估值分别为 2 倍、1.5 倍和 1 倍时，或者市盈率分别为 20 倍、15 倍和 10 倍时，投资胜算概率值分别为 65%，80%和 95%，相应的绝对胜算概率值分别为 30%，60%和 90%。实际购买某行业股票的资金占计划投入该行业资金的比例分别为 30%，60%和 90%。

按组合投资要求，投入一个行业的资金占投资总额的比例一般不超过 3%。如果投资总额为 90 万元，投入一个行业的资金就为 3 万元。在市净率分别为 2 倍、1.5 倍、1 倍时，实际投入的资金逐步由 0.9 万元增加到 1.8 万元和 2.7 万元，为便于操作分别以 1 万元、2 万元和 3 万元替代。直观的理解就是一个行业市净率为

1倍即股票按净资产出售时，就可以将计划配置的3%实际配置完。

对应于不同估值的胜算概率值根据沪深股市以往的实际数据回溯得出，目前投资人可参照此结果进行组合配置，今后可以根据沪深上市公司实际盈利情况适当进行修正。

逆向投资策略是在合理估值基础上、与价格涨跌方向相反进行投资组合配置和调整的投资策略。在估值合理前提下配置以后，如果市场价格持续下跌，估值持续降低，投资人可以本着估值越低越买的原则不断加大配置比例。相反，在估值合理的前提下配置以后，如果市场价格持续上升，并出现严重的高估情况，投资人应不断降低配置比重。严格地讲，逆向投资策略与绝对胜算策略是同一操作策略的两种表达方法。

2. 以交易准则确保投资原则的具体贯彻

股票交易一般指股票的短期买卖。股票交易动机有时来自于投资人的心理需要而非提高投资收益的需要，因此股票交易准则重在提供一种机制，既能满足投资人因交易冲动而产生的交易需求，又能确保投资人在遵循投资原则基础上进行交易，以期实现，从较低标准考虑，投资人所作的交易不会从根本上动摇投资根本，即形式上所表现的短期性的买卖行为，仍然是在组合投资、低估值投资和长期投资的框架下进行；从较高标准考虑，通过交易进一步降低投资人的投资成本，达到增加投资收益的目的。

交易准则包括：降低成本准则、永续投资准则和“2/3上限”

准则。

降低成本准则是指买卖都要以降低所持股票的投资成本为准则。其所确定的操作方法是，股票下跌时持续买进股票，第一次买入股票后如股价下跌 20%，继续买进第二次。例如计划投资 90 万元，投入某行业 3%为 3 万元，当该行业出现了市净率为 2 倍的股票时，股价为 10 元/股，第一次投入 1 万元，买进 1 000 股，如果股价下降 20%至 8 元/股，继续买进 1 000 股，余者类推。买进股票后股价涨幅较大时则减半卖出，从而达到较大幅度降低投资组合成本的目的。一般以准备卖出的时间为基准倒推一年，股价由一年内的最低价格上升 100%的幅度，则将持有的相关股票减半卖出，股价升至最低价格的 200%的幅度，继续减半卖出，余者类推。

永续投资准则是指投资组合中的企业如果股票价格不断下跌则持续买进的准则。也就是说，如果配置到投资组合中的上市公司盈利情况没有发生改变，只是单纯价格下跌，就应坚决持续买进，并按照降低成本准则中所述标准，与上一次买入价相比，每下跌 20%就买进同样股数，一直持续买进。

“2/3 上限”准则是指将实际配置股票的资金占投资资金总额比重的上限控制在大约 2/3 的准则。根据沪深股市的实际，绝对胜算投资策略能保证“2/3 上限”准则的自然实现。投资组合是以行业为样本标准配置的，除非每个行业市净率都降至 1 倍的水平，否则必然有某些行业资金不能配置完。这一准则能保证投资人在任何条件下永远有可用资金，能够终极应对个别企业以及整个市场的波动变化。

投资上市公司获取收益的来源

一、拟合投资国民经济整体确保合理收益

通过构建投资组合，可以拟合对全部上市公司的投资，投资全部上市公司等于并优于对国民经济的投资。这从根本上解决了投资的整体安全问题。国民经济整体的正常运行也是所有企业整体安全运行的标志。

1. 一国国民经济的持续增长是企业群体成长壮大的反映

从生物学和生态学的角度讲，某个种群存在的意义就在于生生不息的繁衍与进化。人类尽管创造了有别于自然界的社会形态，但仍然是自然界的一部分，生生不息的繁衍与进化仍然是人类活动最基本的目的。

人类与自然界其他非人工饲养物种的不同之处在于，后者直接从自然界获取食物和其他生存所需以维持繁衍进化，而人类所需不仅包括吃穿住用行，还有更广泛的产品和服务，并且这些产品和服务的绝大多数已经不是直接从自然界获取，而是通过企业这种组织方式进行生产以及市场交换的方式获得，即以社会经济组织的方式获得生存所需。国民经济就是人类满足自身生存和发展所需产品和服务活动的总称。通常，人们考察国民经济状况时，是从产业和部

门的角度进行的，国民经济是一个国家的生产、流通、分配和消费的总体，包括各个生产部门和为生产部门服务的流通部门，如工业、农业、建筑业、交通运输业、商业等，也包括文化、教育、科学研究、医药卫生等非生产部门。

国民经济运行结果一般以 GDP 衡量，它是指一个国家一年新增加的产品和服务的价值总和。正是这些新增加的产品和服务，提供了人们吃穿用住行以及社会扩大再生产所需，国民经济成为人们赖以生存和发展的经济基础，人们的生存和发展及其需求的不断增长推动国民经济的持续发展。纵观人类的发展历史，特别是近现代以来的发展过程，人们可以清楚地做出判断，人类社会所创造的产品和服务总量及其价值是持续增长的。

虽然一国经济的总体状况以国民经济总量加以衡量，但是通常也从部门和产业的角度对其进行考察。从结果上衡量表现为每年 GDP 以及 GDP 的增加值是多少，但从来源上讲，国民经济的源泉是人的生产劳动成果，在现代经济中主要以企业为单位计量人们的生产劳动成果。如果对 GDP 的创造主体进行细分，主要有三大主体：个人或家庭、企业、政府和中间组织等。在现代经济中，一国 GDP 的 70%是由企业创造的，并且企业的盈利能力超过个人和中间组织。简言之，一国全部企业的生产经营成果不仅左右着一国 GDP 的结果，而且优于以 GDP 所反映的社会整体新创造的产品和服务价值，投资于全部企业等于或优于投资国民经济整体，这样的投资必然是安全稳定的。

2. 企业既创造收益也分享收益

如果企业仅仅生产产品和服务而不分享在生产产品和服务过程中的收益，那么即使国民经济持续增长，投资人也未必能获得投资收益。事实上，企业在创造全社会 GDP 的主要部分并贡献于全社会的同时，自己也能分享其中的一部分。这一点可以从国家新增加产品和服务总量的形成过程和结果上观察出来。从分享社会新创造产品和服务的主体衡量，GDP 由四部分构成：一是中央政府或地方政府的税费收入；二是参与 GDP 创造过程的个人收入；三是非营利部门获得的捐赠收入和服务部门的中介服务费用收入；四是企业的盈利收入。除非某一特定时期的极端情况导致人类文明以及经济倒退，否则，全社会长期将维持 GDP 的持续增长。显然全部企业不仅能够分享利润，而且所分享的利润是持续增长的。

对企业能够分享经济成长中的利润以及所分享利润持续增长这一事实，经济学从企业特性上做出了理论上的解释。一方面，企业是追求收益的经济主体，没有收益，也就没有企业长期存在的理由；另一方面，企业能够创造较高的收益，是因为企业这种经济组织较之个人、家庭或者政府有更低的交易费用支出。这两方面的特性，决定了企业在创造较高收益的同时分享其收益并不断成长壮大，形成企业资产和收益相互推动的成长模式。

3. 与国民经济共进退的投资策略能够消除投资风险

华尔街是证券投资的一种标识，人们称华尔街是由两种力量推动的，即贪婪和恐惧，它在某种意义上描述了人们单纯将股票作为一种交易筹码而逐利的表现。从人类演进的生物学考察，人们最脆弱的心理状态是生存恐惧，贪婪也来自于人们急于摆脱恐惧的心理诉求。

恐惧感是影响人们正常生存和科学决策的心理障碍，如果人们的思考和行为有利于消除恐惧感，使生存心态趋于稳定，心理压力就容易消除或减轻。将投资的基点定位于投资全社会的全部企业，意味着与国民经济共进退，从全社会所处的状态而言，消除了投资风险。它假定，如果整个社会运行正常，投资的终极目标是没有风险的，即使经济有一定的波动，投资的最终结果也是安全和稳定的。至于那些总是担心经济或社会出问题的杞人忧天心理，则完全没有必要。一个社会的前景是乐观的，投资人自然会分享其乐观成果；一个社会的前景如果不乐观，投资与不投资同样需要承受不好的结局。

拟合投资全部企业，消除了投资的终极风险，有利于投资人从根本上摆脱潜藏的恐惧心理干扰，投资过程和投资行为则更容易趋于理性和安宁。人类的演进和发展是在波折中进行的，国民经济及其企业的成长也会时快时慢、时好时坏，但总体是持续成长的。投资人所要做的是，当眼前出现困难时，要想到未来必然出现的而非猜测的美好前景；当投资恰遇企业景气以及市场处于上升状态时，则需心怀谨慎，想到企业也会出现低迷状态，市场也会向下波动。投资人的这种判断和态度，有利于投资人秉持增加投资收益的投资策略。例如，市场估值达到长期估值的平均水平后仍在进一步下降，由于投资人消除了投资恐惧心理，此时完全可以采取逆市场而动的策略，不但维持对原有投资的持有，还可以不断加大投资力度，构建较低估值的投资组合，从而获得超额收益。

4. 全部上市公司的盈利水平高于全社会企业的盈利水平

大数投资的核心原则之一是组合投资，即通过统计方法实现投资组合样本企业与全部上市公司拟合。长期统计结果表明，以净资产为基准衡量，全部上市公司盈利水平高于全社会企业盈利水平，因此，组合投资能够获得超越社会平均投资收益水平的投资收益，即投资上市公司不仅解决了“以投资社会全部企业才能确保安全”的难题，而且无须投资全社会企业同样有比较好的收益。

无论是中国证券市场20多年的运行实际，还是发达国家更长时间的实践，都表明全部上市公司比同时期社会全部企业有更高的盈利能力。例如1995—2014年的20年间，我国全部企业的净资产收益率保持了年均近10%的水平，而同期上市公司的净资产收益率则实现了年均大于12%的水平，这意味着，以组合投资拟合投资全部上市公司，能够获得超越全社会企业平均收益水平的收益。

二、投资上市公司获得三重收益

对于投资人而言，投资上市公司能获得包括企业利润在内的三重收益。一是企业的利润，可以称为内生价值，意思是说收益来源于企业内部；二是企业再融资中的转移资产，可以称为外生价值，意思是说收益来源于企业外部；三是股价上涨给投资人带来的超额收益，可以称为随机价值，意思是说收益来源于股票价格的随机波动。

1．上市公司盈利能够为投资人带来较高的内生价值

从静态的角度评价，投资在形式上是购买股票，实质上是购买有盈利能力的企业实体资产，而购买这些资产以后，无论其股价如何波动，这些资产总可以为投资人带来真实的利润收入而非股票价格上升那样的虚拟价值。

从动态的角度讲，能够产生收益的净资产可以为投资人带来不断增加的资产价值。企业净资产在经营过程中能够产生净利润，企业留存的净收益形成新的净资产使原有净资产增加，创造出资产和收益彼此推高的循环。

以净资产及其盈利视角观察上市公司，可以发现几个显著的特征。第一，不管上市公司市场价格如何波动，其盈利和净资产长期是持续增加的。第二，不管有多少个别企业亏损甚至破产清算，上市公司整体是持续盈利的，且净资产整体是逐步增长的。第三，上市公司的盈利水平显著高于同时期全社会企业的盈利水平。

上市公司有较高的盈利水平，最主要的原因是当地政府税费减免优惠的结果。绝大多数上市公司融资是全国性的，但上市公司对所在地的直接贡献最大，包括税收和就业，所以当地政府也愿意以一定的税费减免帮助上市公司提升业绩，从而提高上市公司的融资能力和融资规模，扩大当地经济税收来源和就业规模。

2. 上市公司再融资能够为投资者创造外生价值

上市公司具有向公司现有投资人无偿转移净资产的特殊机制，也就是说，公司在增发配股过程中将新股东权益转移给现有股东。这种在企业再融资中由新股东无偿转移给现有股东的净资产，可以称为外生价值。

一般来说，能够盈利的上市公司更容易吸引新的股东加入，新股东一般以参与公司股份增发的方式进入公司，而上市公司增发股份时，会选择以低于其现有股票价格但高于其股份净资产的价格增发。增发完毕，新股东进入公司后，财务上要按照同股同权的“同权化原则”重新确认各自的股份权益。股权同权化是指相同单位的股份在企业具有相同的权益。新加入上市公司的股东购买新股份所支付的价格高于原有股份的净资产，在同权化处理之前，新股份所带来的每股净资产高于原有股份每股净资产，而新股份进入公司后进行同权化处理时，新股份较高的净资产将部分无偿地确认为现有股东的权益。

获得外生价值是投资上市公司的独特之处，尽管非上市企业偶尔也能获得非经营性收益，例如政府财政补贴收入等，但投资人从企业经营管理之外获得有规律的和长期的资产收益，则非上市公司的外生价值莫属了。

上市公司给已有股东带来外生价值的原理可以通过图 1—1 进行说明。为了清楚理解外生价值对投资收益的影响，图 1—1 是通过与内生价值进行比较来说明的。

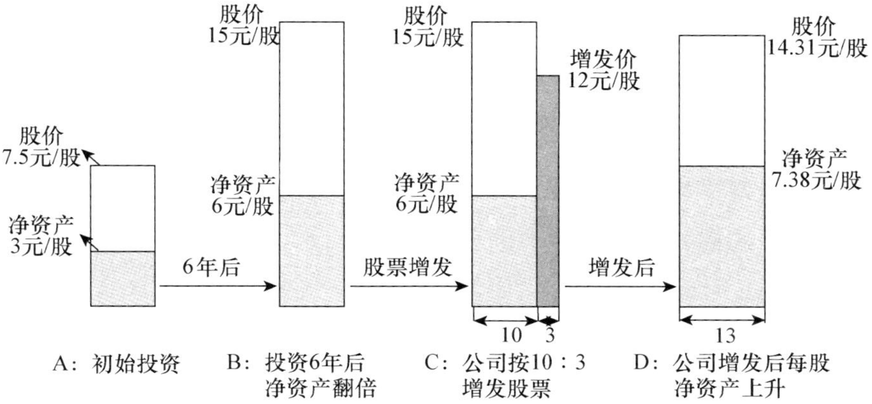

图 1—1　外生价值的生成原理

A 到 B 表示内生价值使投资组合净资产增长的情况，A 表示初始投资时以净资产 2.5 倍的投资成本即市净率 2.5 倍的估值水平以 7.5 元/股的股价购买了上市公司 3 元/股的净资产。假设公司复利收益水平的年均净资产收益率为 12%。B 表示大约 6 年后上市公司的净资产增加到 6 元/股，净利润收益使上市公司的净资产稳步增长。

C 表示在初始投资 6 年后上市公司进行了一次再融资，上市公司按现有股份与增发股份 10∶3 的比例增发股份，假定增发价格为 12 元/股，也就是说，新股东给企业带来的权益为 12 元/股，高于公司现有股东 6 元/股的权益水平。

D 表示增发完成、公司进行权益同权化处理后，新老股东的权益转为大约 7.38 元/股的相同水平，新股东将自己大约 4.62 元/股的权益无偿转给公司的老股东。因公司再融资增发股份，老股东大约获得 1.38 元/股的外生价值。这 6 年间长期持有股份的投资者，初始投资所购买的3元/股的净资产增加到7.38元/股的规模，外生价值对投资者的资产增长及投资收益起到了巨大作用。

图1—1以投资个别公司为例，说明了上市公司再融资为长期投资者创造外生价值的原理。组合投资样本企业整体创造外生价值的原理与此相同，投资组合中的企业有的在这一年再融资，有的在那一年再融资，每年都产生一定的外生价值，这些外生价值与内生价值叠加的复利收益为长期投资者带来超额投资收益，其收益高于人们直观感觉的程度。

比较一下以不同年均复利收益率带来的投资收益，可以充分体会上市公司再融资所创造的外生价值对长期投资收益的意义。以下数据显示的是，年均复利收益率分别为10％，12％和15％的24年的长期投资收益。

年均复利收益率10％：初始投资的未来值增加到大约10倍。

年均复利收益率12％：初始投资的未来值增加到大约15倍。

年均复利收益率15％：初始投资的未来值增加到大约29倍。

当年均复利收益率由10％增加到12％时，24年后的绝对投资收益增加了5倍；当年均复利收益率由10％增加到15％时，24年后的绝对投资收益增加了19倍。这表明，同样规模的投资，年均复利收益率为15％的投资抵得上大约3个年均复利收益率为10％的投资。而上述三个收益率恰恰是近20年来中国企业收益状况的真实反映，10％是全社会企业复利水平的年均净利润率，12％是上市公司复利水平的年均净利润率，15％是投资上市公司的长期投资人获得外生价值基础上以复利计算的年均净资产增长率。

以组合投资的净资产增长拟合全部上市公司净资产增长，不仅可以获得超过全社会企业平均收益水平的收益，而且能够获得再融资形成的外生价值。

外生价值与内生价值复合，其复利效应长期形成较高的绝对收益，是组合投资上市公司获得超额投资收益的奥秘所在。至于购买上市公司净资产需要支付溢价成本的问题，在净资产增长后以同样或更高的溢价卖出，则自然得到解决。

我国自 20 世纪 70 年代末实施改革开放政策以来，国民经济保持了 30 多年年均 10%以上的增长，创造了同期全球经济的最高增长速度，也是近现代中国经济发展最快的时期。自 90 年代创立证券市场以来，全部上市公司的整体净利润也保持了年均复利 12%以上的水平。

未来较长时期，国民经济以及上市公司持续以往的高增长并非易事，但国际经验表明，不管经济增长快慢，上市公司总体上相对快于国民经济整体及社会全部企业的增长水平，加之投资上市公司可获得外生价值的超额回报，投资上市公司依然可获得较好的投资收益。

3. 市场的随机性能够为投资人创造随机价值

随机价值是指上市公司的股价上涨幅度远大于利润收益从而给投资人带来的超额收益。由于股票价格上涨往往是随机的，所以称为随机价值。

市场的随机性既表现为证券市场整体价格的随机波动，也表现为个别企业股价的随机波动。市场向下或个别企业股价下跌，都会造成投资者账面价值的损失，但组合投资和长期投资完全可以克服这种随机波动造成的问题。

组合投资代表对全部上市公司的投资，其净资产长期必然增长，下跌的股价也必然回升。个别企业股价下跌甚至倒闭清算也不影响投资组合整体资产的增长，也就是说，市场的随机性并不会对组合投资造成实际的损害。相反，随机性还能带来获取超额收益的机会，因为投资是以上市公司的净资产及估值为基础的，由于组合投资整体的净资产不断增长，市场随机向下波动时可不予理会，但市场随机向上波动时，投资者则可以分享其好处。

短期看，当个别企业股价随机向上大幅波动时，可以卖出一部分，使剩下部分的成本大幅降低甚至降到零成本水平；长期看，个别企业成长为卓越企业之后，其收益成倍增长推动股价成倍增长，甚至资产没有显著增长但股价随机成倍增长，都能带来超额投资收益。

组合投资、长期投资确立了投资安全稳定的基础，而随机性则带来另一重收益，这也是投资上市公司能够获得较高收益的原理。

4. 案例：由刘元生获得高额投资回报看外生价值的作用

（1）刘元生投资万科获得高额投资收益。

2006 年 12 月 1 日，《深圳商报》刊登了一篇报道，介绍了一位叫刘元生的投资者 18 年前作为原始股东投资深圳证券交易所上市公司万科股份获得高额回报的故事，这一报道内容此后不断见诸国内各大财经媒体。

报道称，2006 年 12 月 5 日是万科股份的“有限售条件股份可上市交易日”，即日起，刘元生作为原始股东所持万科股份由暂时不可流通交易转为可流通交易，所持 5 827.63 万股股份，以 11 月 28 日收盘价 10.85 元/股计算，股票流通市值为 6.32 亿元，按流通市值计算投资收益为 160 倍。

18 年前，刘元生以 1 元/股的价格购买了 360 万股万科股份，当时万科的净资产为 1 元/股，刘元生以平价方式，即股价与净资产相同的价格认购了万科股份，所获万科净资产权益为 360 万元。不久他又投资 40 万元购入 10 万股，这次刘元生是以溢价方式，即股价高于净资产的价格购买了万科股份，所获万科净资产权益大约为 20 万元，即刘元生最初的投资为 400 万元，所获万科股份净资产权益为 380 万元。自此刘元生坚持持有万科股份 18 年，所投 400 万元按股价计算增值到 6.32 亿元，刘元生获得了大约 160 倍的投资收益。

刘元生为什么有如此高的投资收益呢？这篇报道是从刘元生所持万科股份由不能流通转为可流通，流通的股份能够以较高的市场价格卖出获得高收益的角度报道的，给人们留下的印象是证券市场股票的高溢价为刘元生带来了较高的投资收益。

为了消除股票高溢价造成的含糊印象，此处从溢价背后的净资产价值变化的角度分析，结果发现，抛开股票溢价因素，刘元生所持股份的净资产也以超常速度增长。按照 2006 年万科 3 季度报告的内容，万科股份净资产为 2.5 元/股，刘元生所持 5 827.63 万股万科的净资产为 1.57 亿元，刘元生最初投资万科 400 万元所获 370 万股的净资产权益为 380 万元，由 380 万元增值到 1.57 亿元，增加了大约 40 倍，18 年间刘元生所持股份净资产复利增长水平为年均 22.28%，远远超过万科股份公司净利润水平（如表 1—1 所示），万科股份公司这 18 年间的净利润水平年均复合收益率为 14.7%。

表 1—1　　　　万科 1991—2006 年盈利状况

报告期	净利润率	资本报酬率
2006 年度	15.68%	4.12%
2005 年度	16.25%	6.14%
2004 年度	14.16%	5.65%
2003 年度	11.53%	5.13%
2002 年度	11.31%	4.65%
2001 年度	11.96%	5.77%
2000 年度	10.37%	5.36%
1999 年度	10.95%	5.10%
1998 年度	10.17%	5.00%
1997 年度	10.20%	4.73%
1996 年度	11.23%	4.32%
1995 年度	12.50%	4.56%
1994 年度	15.91%	6.48%
1993 年度	16.35%	7.11%
1992 年度	28.26%	7.03%
1991 年度	13.07%	4.85%

刘元生投资了万科，投资回报首先由万科有良好的经营收益而来，但刘元生所持股份的净资产增长水平却高于万科股份公司的净利润增长水平，显然除了万科股份的盈利之外，刘元生一定得到了

其他来源的净资产，那么这一部分净资产又来自于哪里呢?

（2）万科的融资。

万科自 1991 年在深交所上市，到 2006 年为止已经成为中国最大的专业住宅开发企业之一。万科股份有限公司成立于 1984 年 5 月，公司于 1988 年介入房地产经营，1992 年正式确定以大众住宅开发为核心业务。1988 年 12 月，公司公开向社会发行股票 2 800 万股，募集资金人民币 2 800 万元。1991 年 1 月 29 日万科 A 股在深圳证券交易所上市交易。

作为深圳证券交易所第二家上市公司，万科在 18 年间获得了高速增长。1988 年万科第一次公开发行股份后其净资产总额大约 5 600 万元，到 2006 年 12 月初其净资产总额近百亿元。

观察万科的成长过程，可以发现一个有趣的现象，在其销售收入、资产和净利润三项指标中，销售收入增长最快，年均复合增长率超过 40%；资产增长次之，年均复合增长率为 33.3%；净利润率水平最低，年均复合增长率 14.7%。考察非上市公司对投资人的回报，所用指标是公司的盈利水平，而不是公司的净资产增长水平，因为非上市公司因融资带来的净资产权益一般属于新加入公司的投资人，假如万科是一家非上市公司，投资人的收益水平就是其净利润率水平，为年均复合增长 14.7%的水平。

由前面所分析的外生价值的形成机制可知，与投资非上市公司不同，上市公司投资人净资产的实际增长水平介于公司盈利水平和净资产增长水平之间，上市公司的投资人所获净资产权益的增长一部分来自公司的盈利，一部分来自公司再融资时由新股东无偿转移的净资产。

如表1—2所示，万科股份上市以来持续不断融资，截至2006年12月，万科向股东融资总额为51亿元，即公司净资产总额中有51亿为投资人投入企业的部分，而此时万科净资产总额为99亿元，这18年中前前后后有股东向万科投入了51亿元的净资产。如果包括派现回报部分，万科给投资人带来的净资产回报为69亿元，也即投入万科的1元钱平均有1.35元的净值回报。但投资时间早晚不同的投资人回报则有明显差异，越早的投资人有越高的资产增值回报，原因就是越早的投资人获得越多的外生价值。

表1—2　　　　万科1988—2006年融资统计

序号	时间	项目	募集资金（单位：亿元）
1	1988	首次公开发行	0.28
2	1991	配售、增发	1.27
3	1993	对境外投资者发行B股	5.055 1
4	1997	增资配股	3.83
5	2000	增资配股	6.25
6	2002	可转债	14.75
7	2004	可转债	19.6
合计	约51亿元		

（3）万科的股利分配。

刘元生最初购买万科的股份为370万股，18年后，所持股份则增加到5 000多万股。由表1—3可以看出，刘元生持续增长的股份来源于万科股份公司历年的送股或转增股份，其净资产的增长表现为所持股份的增加。上市公司对股东实施送股或转增股本的资本来源既有公司盈利，也有配股或增发而增加的资本公积。一方面，上市公司持续盈利，股东所持股份的净资产增长，公司可以将这部分利润转成股本派送或转赠给股东。另一方面，公司配股或增发股份产生对老股东的外生价值，老股东所持股份的净资产因外生价值产生的资本公积而增加，公司可以将资本公积转为股份送给股东。由此，刘元生最初购买股份净资产的持续增长变成了所持股份数量的持续增加。

表 1—3　　　　万科 1993—2006 年股利分配统计

序号	公告日期	分红方案（每 10 股）		
		送股（股）	转增（股）	派现（元）
1	2006-07-14	0	0	1.5
2	2005-06-21	0	5	1.5
3	2004-05-14	1	4	0.5
4	2003-05-19	0	10	2
5	2002-07-10			2
6	2001-08-14			1.8
7	2000-08-10			1.5
8	1999-07-29	1		1
9	1998-07-04	1		1.5
10	1997-06-19	1.5		1
11	1996-07-19	1		1.4
12	1995-06-22	1.5		1.5
13	1994-06-02	3.5		1.5
14	1993-03-25	5		0.6

在《深圳商报》报道后，万科又进行了两次融资：2006 年 12 月

22 日，万科以 10.5 元/股的价格向十大股东定向增发 4 亿股，募集资金大约 40 亿元；2007 年 9 月 5 日，万科以 31.53 元/股的价格再一次增发 3.17 亿股，募集资金大约 100 亿元。至此，万科向投资人融资总额大约为 191 亿元。截至 2014 年 9 月 30 日，万科股本总数大约为 110 亿股，每股净资产为 7.13 元，净资产总额大约为 784 亿元。不包括派现收益，以净值增长衡量万科股东的平均回报不到原始投资的 4 倍；包括派现收益，全体股东的净资产平均增长幅度不到 5 倍。

与全体股东平均回报形成鲜明对比的是刘元生获得了巨额投资回报。万科在 2006 年和 2007 年高价融资后，又分别于 2007 年 5 月以 10 转 5、2008 年 6 月以 10 转 6 的比例向股东转送股份，刘元生的股份总额增至 13 379.12 万股，合计净资产为 9.539 3 亿元。以增加后的股本计算，2007—2014 年的 8 年里，刘元生平均每股获得的派现收益为 1.075 元/股（含税），所获派现收益总额约为 1.438 2 亿元，与所持股份合计净资产总额大约为 11 亿元，而如前所述 2006 年刘元生所持股份净资产总额为 1.57 亿元，以 2006—2014 年万科的净利润收益水平计算，净资产复利增长亦未能达到翻两番的结果。也就是说，这些年刘元生所获得的投资收益一如既往主要靠外生价值而不是内生价值。感兴趣的投资人不妨自己动手计算一下，如果没有外生价值，即使假定刘元生能获得年均 16%利润率的复利收益，1988 年所投资的 400 万元到 2014 年 9 月能增长到多少呢？与目前刘元生实际拥有的近 11 亿元的结果比较，答案不言自明吧。

大数投资的长期收益模式

组合投资上市公司以其净资产和利润为价值基准，投资收益基础稳定，投资资产安全有保障。不过投资人仍然会有顾虑，购买上市公司所支付的价格成本高于其净资产价值，在这种情况下投资回报是否合理呢？组合投资的收益模式表明，组合投资上市公司不仅安全稳定，而且有较高的投资回报。投资收益模式为净资产增长驱动股价上涨的二元收益模式以及复利收益模式。

一、净资产增长驱动股价上涨的二元收益模式

组合投资的收益模式可称为二元收益模式，即资产增值加利得的收益模式。如果考虑到外生价值源于利润的逻辑，二元收益模式也可称为利润加利得的收益模式。

投资人投资上市公司的资产增值来自于利润和外生价值的复合增长，利得是股票差价所得。组合投资能确保样本企业总体有合理的利润收益，有较高盈利水平的企业可再融资并产生外生价值，利润与外生价值复合使原有股份净资产较快增长，并最终推动价格上涨使长期投资的股东获得利得收益。

利得是由股东所持股票上涨后的股价与购买股票的初始价格之差带来的收益。组合投资上市公司有较高的回报，最终就体现在长期投资的利得回报上，但外生价值以及利得收益都源于上市公司的

盈利，所以说，利润是带来投资收益的源泉和决定性因素。

1. 价值增长源于上市公司的利润收益

第一，上市公司能创造利润而且盈利水平高于全社会企业的盈利水平，这表明，将其净资产作为投资的价值基准是恰当的。利润的一部分直接作为现金分配给投资人，现实地表现出投资必有回报，而留存利润则可增加企业的净资产价值，可在较高净资产的基础上形成更多的利润回报。

第二，上市公司再融资的条件之一就是企业持续盈利。上市公司再融资能给企业老股东带来外生价值，外生价值又提升了老股东所持股份的净资产价值。形成外生价值的前提条件是企业再融资，而再融资的前提条件是企业有较好盈利水平，归根结底是源于企业有利润收益。

第三，有保障的利得收益来自于企业净资产的增长。影响股票价格的因素很多，很难测量各种因素影响股价变动的具体结果。但如果企业有盈利，投资人就可以确认自己一定能够获得股价上涨的利得收益。市盈率的含义之一就是股票价格对盈利的溢价倍数。买进市盈率低的股票，这些股票价格终归会上涨，而且买进股票后即使股价下跌，只要有利润支撑，股价也会回升并超过原有的价格水平。如果企业利润增长，企业股票价格的上涨幅度将以市盈率为倍数高出利润增长。

利润作为价值增值源泉如此重要，在可能的情况下，投资人在选择企业时可花费一些精力研究利润状况，力争厘清企业利润来源，识别利润真假。

厘清利润来源的核心问题是，确认企业利润的主要来源是主营业务带来的利润，还是源自非主营收入甚至营业外收入。如果企业利润主要来源于主营业务利润并且持续时期较长，则其利润稳定且可靠。

企业的利润必须落实在真金白银般的现金上。以大量存货、应收账款计算的企业收入，尽管也能最终处理成企业利润，但投资人应该打一些折扣，才能保证这些利润指标使用的安全。

企业因重大资产处置等一次性损益处理获得的利润，有时尽管有真金白银般的现金作基础，但未必有可持续性。对于企业因投资其他上市公司的股票而在账面上获得的高额回报，投资人更应保持警惕。

2. 利得可解决以溢价投资上市公司的难题

购买股票需要支付高于其净资产的溢价价格，似乎购买上市公司净资产比购买非上市企业多支付了成本，以溢价投资上市公司似乎是投资的难题。而意识到投资上市公司可获利得使这一难题迎刃而解：溢价买进，同样可以溢价卖出。

利得的作用可以用图 1—2 加以说明。

例如，某企业上年度的净资产为 2.5 元/股，净资产收益率为 20%，收益为 0.5 元/股。如果市盈率为 20 倍，则上年度股票价格为 10 元/股。如果本年度保持同样的净资产盈利水平，企业的利润达到 0.6 元/股，如果市盈率仍然保持 20 倍，股票价格将会上涨到

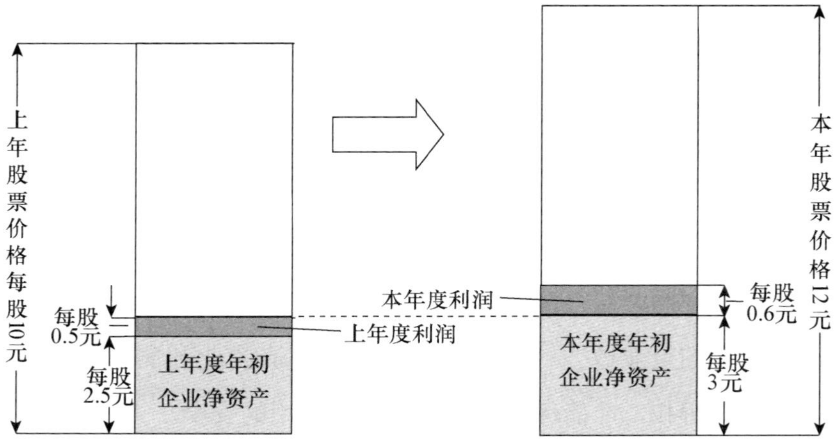

图 1—2　利得收益的形成原理

12 元/股，利润的增长是 0.1 元/股，而股价上涨是 2 元/股。股价上涨带给投资人的回报是企业利润带给投资人回报的 20 倍。

对“利得可以为组合投资带来高回报的原理”，可以做进一步解释。仍然看上述例子，投资人以 10 元/股购买的股票，净资产为 3 元/股，公司业绩为 0.5 元/股。投资人若以自己买进股票的价格衡量，利润收益水平为 5%。当公司业绩上升到 0.6 元/股、股价上升为 12 元/股时，用买进股票的价格衡量，股票的利润收益水平为 6%，投资收益增加了 1 个百分点。但以股价上涨带来的利得收益为 20% [(12 元/股－10 元/股)/10 元/股×100%＝20%] 来衡量，投资人收益增加了 15 个百分点。假如这时市场市盈率达到 40 倍的水平，股价将上涨到 24 元/股，股价上涨带给投资人的利得收益为 140% [(24 元/股－10 元/股)/10 元/股×100%＝140%]，由此，“利得可以为组合投资带来高回报的原理”更清楚地表现出来。

二、复利收益模式

复利通常也称为“利生利”，就是在持续投资中，不仅最初的投资本金产生利息收益，而且已经产生的利息收益可以转成投资本金带来新的利息收益。在一定的复利年度收益率水平下，本金收益带来利息，利息转成本金后使原有本金增大、下一年的利息增加，从而形成本金和利息彼此推动的循环。从长期看，在复利收益模式下，以百分点为单位的年度收益率带来可观的绝对收益水平。

1. 投资的复利收益超出人们的直观想象

根据美国沃顿商学院教授杰里米·西格尔的统计，1957—2003年，投资标准普尔500指数股票的年均收益是11.18%。如以市盈率指标为基准，从标准普尔500指数股票中选取市盈率最低的100家企业组合投资的年均收益是14.07%，后者比前者的年均收益水平高出不到3个百分点。但是从二者近50年的复利收益结果看，差距是巨大的。投资标准普尔500指数股票的收益增长了大约130倍，而在标准普尔500指数股票中优选企业组合投资的收益则增长了大约420倍。在课堂教学中，在将这两个数据展示之前让大家凭直觉推测，从回答结果看，人们一般都不会想到有这么大的差距。投资股票长期复利效应的影响显然超出人们的直观想象。

2. 投资收益的复利效应是指组合投资的长期整体表现

从投资组合的整体考虑，由于投资结构收益的不确定性，投资的个别股票不可避免会出现亏损甚至较大亏损，但由于那些投资成功的股票有较高的收益，投资组合却能够保持较好的收益水平。从投资组合的长期表现考虑，并非每一年的投资收益率都是均衡的，某一年投资收益率可能高一些，某一年投资收益率可能低一些。但长期看，会获得一个有复利效应的投资收益结果。

3. 组合投资中的低税费成本支付有利于提高复利收益

投资人自己为自己投资，不需要计较高工资待遇，正如投资大师巴菲特所言，给自己做饭不需要支付高额的厨师费。

投资人利用公开信息投资，不需要支付高额信息费，更不需要像炒家们那样为了所谓的“内幕消息”花费高额费用。

投资人坚持长期投资，没有频繁交易，不需要支付高额的交易费用。例如，一个运作1 000万元的投资人，年均有15%即150万元的投资收益，资金的周转次数为3年一次，每年300多万元的交易额，按照目前单向收取1‰的印花税和0.5‰的双向交易费用计算，投资人年均交易费用不过1万元多一点，与150万元的年均收益相比，税费比率不到2‰，负担很低。

大数投资的有效性得到长期实践的检验

大数投资的有效性既可以从与指数基金的对比中得到确认，也可以从中外证券市场的统计回溯结果中得到验证。

发达国家证券市场的长期运行结果和中国证券市场创立以来的运行结果显示，首先，选择一些代表性公司进行组合投资可以拟合对全部上市公司的投资；其次，在合理估值水平下构建投资组合并坚持长期持有，投资人可以获得超过市场平均水平的投资收益。

一、“指数化投资”验证组合投资有效

指数化投资是指以跟踪股票指数走势为目标的股票组合投资方法，组合中的股票及其权重构成与股票指数中的股票及其权重构成一致。

指数化投资起源于“随机漫步”的投资理论。20 世纪 60 年代，美国的研究者发现，市场中众多所谓专家精心挑选的组合投资并不比随机选取一组股票的投资有更好的业绩，主张随机选择企业股票作为投资组合的“随机漫步”理论由此形成。

在研究者观察这一现象并探讨其缘由和意义的过程中，以美国先锋投资集团的创始人约翰·鲍格尔等为代表的基金管理人创造出跟踪指数进行投资的方法，这种方法后来被人们称为指数化投资方法。

伯顿·麦吉尔的实证研究发现，指数化基金的平均收益水平高于所有基金的收益水平，年均达到近 3 个百分点，其长期复利收益差距更大。这表明，组合投资必然获得投资收益，而且比所谓精选个股或频繁交易的炒作有更好的投资收益。同时也表明从总体上讲，主张精选企业投资虽然从主张上看起来更好，但统计结果并未给出支持其主张的结果。

我国证券市场的指数基金运行时间较短，但仍然表现出优于所

有基金投资业绩的结果和趋势，这同样表明，以组合投资的途径投资上市公司既安全又稳定。

图 1—3 显示了我国某家最早的指数基金自成立到 2014 年的投资业绩结果。从图形中可以看出，国内指数基金投资业绩表现与指数高度拟合，长期组合投资不仅能获得合理的投资回报，而且收益水平高于所有基金的平均水平，与国外的统计结果一致，这也表明不管国内还是国外只要以投资实业的角度拟合投资全部上市公司必有较高的投资回报。

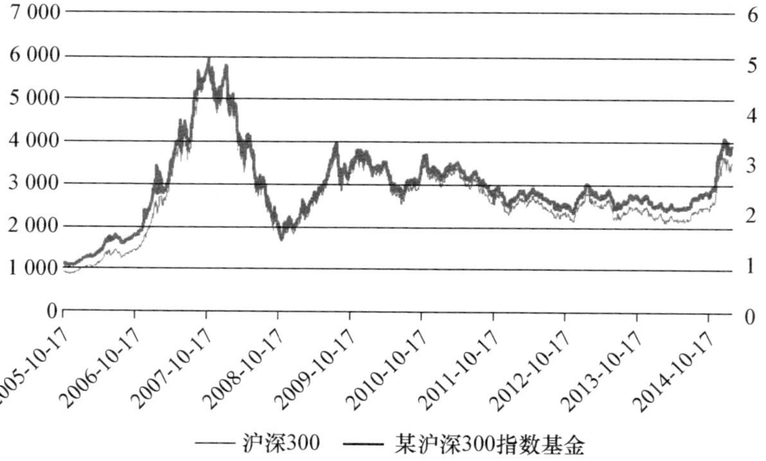

图 1—3　国内最早沪深 300 指数基金市场表现

不过，指数化投资方法只验证了组合和长期投资有合理收益，并没有反映低估值到底有什么意义，而这正是大数投资比指数化投资优越的地方，即大数投资与指数化投资一样，都坚持组合和长期投资，在此基础上，还增加了一个低估值构建组合的原则，在接下来的统计结果中可以清楚看到其意义。这就是为什么有指数化投资可依赖的情况下还要自己构建投资组合的理由。此外，市场上发布的大多数指数中所包含的企业数量较多，如沪深 300 指数是目前许多指数基金的标的对象，但选择 300 家企业构建投资组合，显然对一般投资人而言难以操作。

二、国外证券市场验证低估值构建投资组合可提高收益

前面提到的美国沃顿商学院杰里米·西格尔教授对低估值构建组合可增强投资收益进行了实证研究。他计算了每年 12 月 31 日标准普尔 500 股票指数中全部 500 家公司的市盈率（用年底的价格除以过去 12 个月的利润），将这些公司按照市盈率高低分为 5 组，并计算了每一组公司组合在下一年的投资收益，还比较了以标准普尔 500 股票指数为基准进行指数化投资的结果，印证了对指数股票优化选择有更好投资收益的结论。

研究结果表明，市盈率可以成为从标准普尔 500 股票指数公司中进一步优选企业组合投资的指标。如图 1—4 所示，市盈率越低，公司组合投资的收益越高，市盈率较低的组合的收益高于市盈率较高的组合的收益。

1957—2003 年，投资标准普尔 500 股票指数的企业，年均投资收益率为 11.18%，累计收益 130 多倍，而最低市盈率公司组合的年均收益率达到 14.07%，虽然年均收益率只高于标准普尔 500 股票指数的年均投资收益率 2.89 个百分点，但其累计收益达 425 倍，高于

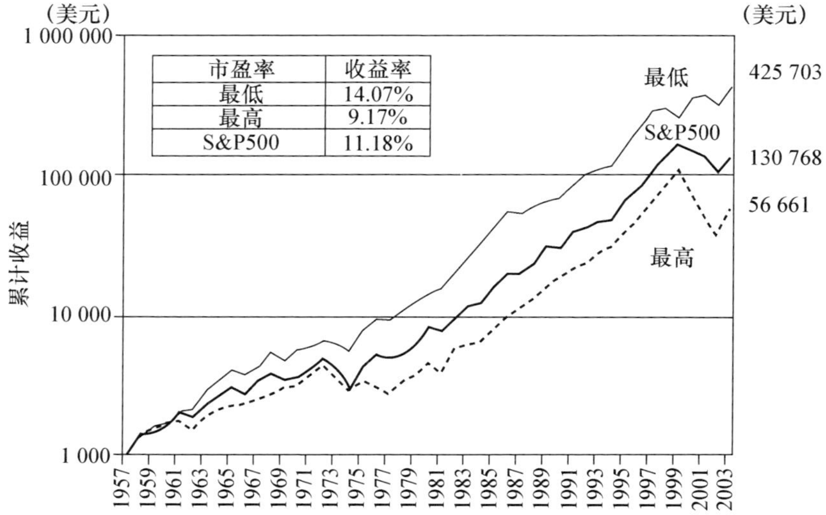

图 1—4 标准普尔 500 股票指数的累积收益，按市盈率比较

前者 295 倍，差距之大超乎想象。

三、中国证券市场验证低估值构建投资组合可提高收益

中国沪深股市自 1992 年创立以来，只有短短 23 年的历史，相对于发达国家的证券市场还处在边实践边完善的过程，经营失范、业绩低劣的企业不在少数，一些股票价格的波动在相当程度上并不反映企业经营状况及业绩水平。表面上看，沪深股市似乎没有投资价值。但统计检验的结果却证明，尽管存在不在少数的较差的上市公司，以及没有道理的价格波动，但只要坚持运用大数投资的基本原则投资，投资人依然能够获得较好的投资收益，而且这一投资收益水平在全球范围比较也处于领先地位。

这可以从两方面加以理解。一方面，在上市公司数量逐年增加的同时，全部上市公司持续保持良好的经营业绩，为投资人投资上市企业创造了坚实的价值基础；另一方面，上市公司股票价格波动的实际，为投资人构建低估值的投资组合提供了市场环境。

1. 全部上市公司持续保持较高盈利水平

中国自 1992 年创建证券市场以来，市场规模有了显著增长，到 2014 年年末沪深两市上市公司的总数已达 2 600 家，全部上市公司的净资产达到大约 19 万亿的规模，图 1—5 和图 1—6 反映了上市公司 1992—2014 年净资产增长及其盈利表现。

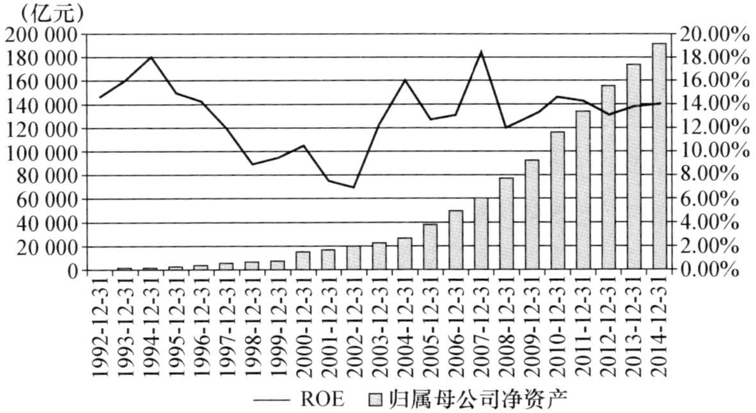

图 1—5　1992—2014 年沪深上市公司净资产与 ROE 变化情况

如图 1—5、图 1—6 所示，全部上市公司的净资产收益率持续保持较高水平，并没有因为上市公司数量的逐渐增多和净资产总规模的逐步增加而有所降低。1992—2014 年沪深股市上市公司的净资产收益率达到了年均复利 12%以上的收益水平，这一结果表明，投资

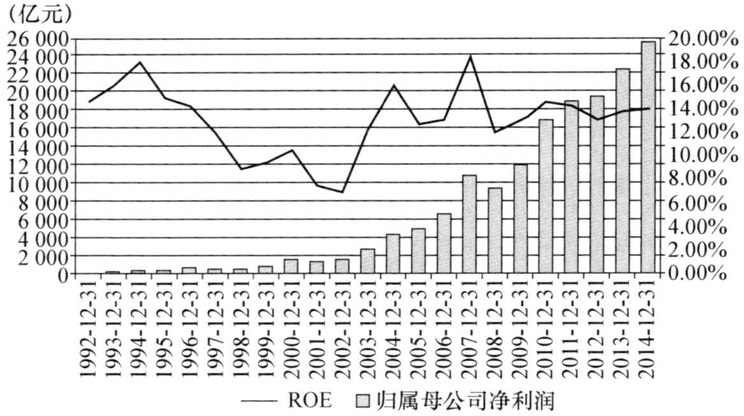

图 1—6　1992—2014 年沪深上市公司净利润与 ROE 变化情况

人不管是早投资还是晚投资，只要构建投资组合后长期持有，必然获得较高的净资产复利收益。按年均复利 12%的收益水平计算，投资人所持投资组合企业整体净资产的翻番时间大约为 6 年。

过去 23 年，多数上市公司因其良好的经营状况及业绩表现，通过增发或配股进行了再融资。因再融资所形成的外生价值每年大约为 3%，外生价值与内生价值复合，使长期投资者所持投资组合的归属他们的净资产复利增长达到年均 15%的水平。在有外生价值收益的前提下，长期投资人所持组合中归属他们的净资产翻番时间由 6 年缩短至 5 年。投资上市公司能够获得内生价值和外生价值的双重收益，使得投资复利收益总额显著增加。

即使从股票价格变动的长期趋势观察，也能观察到长期组合投资能够获得收益的事实，这不仅表现在上市公司股票价格指数长期而言是上涨的，而且股价指数长期上涨趋势和上涨幅度同上市公司整体收益及其资产的上涨趋势也是基本一致的。

图 1—7 反映了上市公司净资产增长与市值变动的情况。上海证券市场股票价格综合指数由 1992 年创立之初的 100 点上涨至 2014 年年底的 3 234.68 点，深圳证券市场的成分价格指数由 1994 年创立之初的 1 000 点上涨至 2014 年年底的 11 014.62 点。影响上市公司股票价格的因素林林总总，不计其数，概念、题材、板块、宏观经济政策甚至谣言都会影响股市价格，但不管这些因素如何影响股价变动，不管其影响结果多么难以预测，从长期而言，万变不离其宗的是，价格不可能脱离净资产而无限上涨，以净资产为基准涨多了必然会下降，降到趋近资产了又会上涨。由图 1—7 可以看出，不仅上市公司市值的长期变动趋势与全部上市公司净资产的增长趋势一致，而且在市场处于较低估值水平时投资，不仅安全而且长期能获得相对较高的收益。例如通过直观比较就可此看出，2005 年、2008 年以及 2011—2013 年这段时间市值与净资产的比率即市净率较低，这时

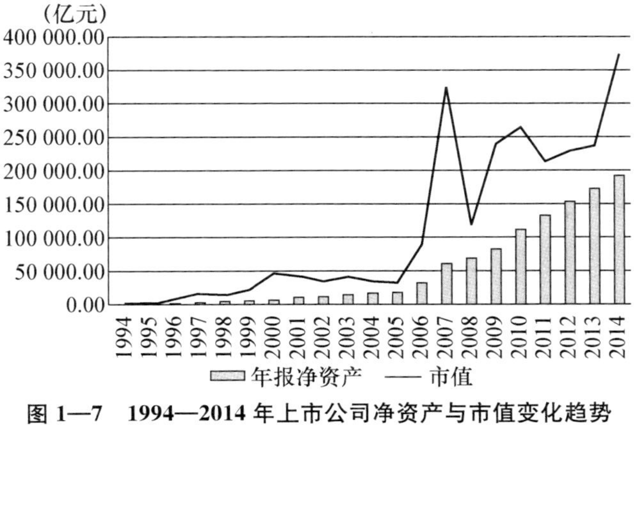

图 1—7　1994—2014 年上市公司净资产与市值变化趋势

候明显都是低成本投资的好机会，这也印证了下面分析的内容，即低估值构建投资组合能够提高投资收益。

2. 低估值构建投资组合有更好的投资收益

沪深股市上市公司盈利及净资产持续增长并推动股价上涨的事实表明，组合投资可以获得安全稳定的投资收益，而统计结果进一步表明，选择低估值企业构建投资组合，能够获得超过市场平均水平的投资回报，这一结果可由图 1—8 和图 1—9 反映出来。

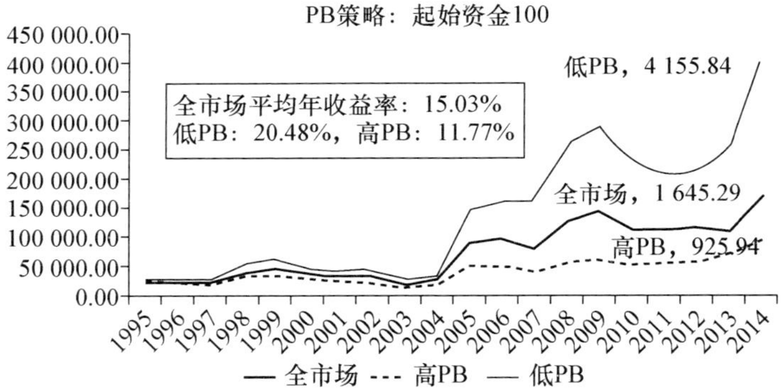

图 1—8 投资沪深市场按 PB 投资与全市场收益比较

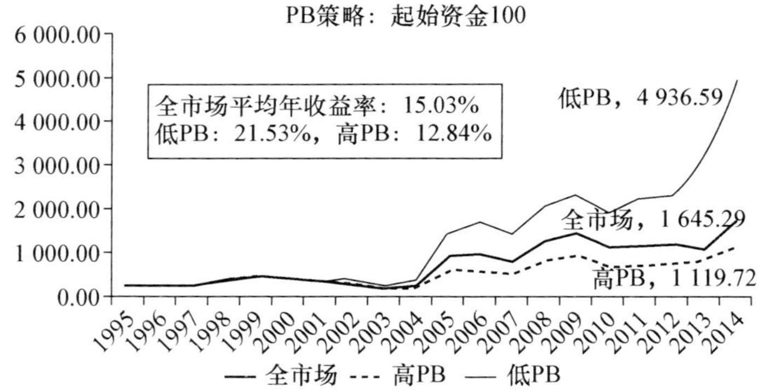

图 1—9 投资沪深市场按 PE 投资与全市场收益比较

图 1—8 表示按不同市净率组合投资与市场平均水平累加收益的比较结果。

构建投资组合时按分层抽样方法分别在每个行业都选择一个企业，然后配置相同的资金。行业划分以目前大多数证券公司所使用的行业划分标准为基准。低 PB 组合是每年年初投资时，从每个行业中选出估值最低的企业构建投资组合，高 PB 组合是从每个行业中选出估值最高的企业构建投资组合。图 1—8 最上面的曲线是低 PB 组合历年累加收益，中间的曲线是市场平均水平的累加收益，下面的曲线是高 PB 组合历年累加收益。比较而言，低估值组合投资长期能明显提高收益水平。稍加留意，中间那条曲线代表的市场的长期平均收益正好是长期投资上市公司内生价值大约 12%和外生价值大约 3%之和，清楚说明长期投资人的投资收益来源于净资产的增长，而低估值有较高收益同样恰恰表明，在收益来源相同的情况下，投资人想要有较高收益，也不是靠猜价格得到，而是靠低估值带来的低成本所致。

图 1—9 表示不同市盈率组合投资与市场平均收益的比较结果。其行业划分标准和资金配置原则同按 PB 标准构建投资组合一样，低 PE 组合是每年年初投资时，从每个行业中选出估值最低的企业构建投资组合，高 PE 组合是从每个行业中选出估值最高的企业构建投资组合。图中三条曲线显示的结果与图 1—8 基本相同，表明以低 PE 为基准的低估值构建投资组合也能提高投资收益。

第二章/*Chapter Two*

投资组合的构建与调整

构建投资组合的直接目标是，选择少数且必要数量的企业构建一个能够代表全部上市公司的投资组合。这包括两个方面的内容：一是选择投资组合的样本企业；二是在一定价格下买进这些企业。后者涉及样本企业股票估值的内容，在下一章专门讨论，本章集中讨论怎样选择企业构建投资组合。

运用概率抽样方法选择企业构建投资组合

统计学的创建及其在社会科学领域的应用，不仅是统计学作为科学取得进步的标志，也给许多人理解社会运行规则及其实践活动带来极大便利。利用概率抽样方法构建投资组合，不仅受到以往人们在社会经济实践中应用统计方法的启发，而且通过国内外证券市场的统计实证检验，也证明这一方法简便有效。

如本书前面内容所示，中国证券市场长期运行的结果表明，对不同行业较低估值的企业组合长期投资，不仅能获得稳定的投资收益，而且能获得超过市场平均水平的收益，这显示出用统计概率抽样方法构建投资组合的简便适用特性。

不过，当人们看到统计这个词汇，以及用概率抽样构建组合的标题时，可能不免产生构建投资组合方法复杂、难以操作的联想，统计以及概率这样的词汇本身就可能让人们联想到专业性及其难度。

统计对很多人来说确实过于专业，但如果从概率抽样方法应用于构建投资组合适用性的角度，而不是从理论的严密性去理解，就会发现，应用概率抽样方法构建投资组合的操作是比较简便的。

一、运用概率抽样方法构建投资组合的原理

概率抽样方法应用于构建投资组合，依赖投资人已有的常识便可操作。使用概率抽样方法中的完全随机抽样法、系统抽样法以及分层抽样法选择样本企业构建投资组合，具备常识的投资人都可以做到。应用完全随机抽样法选企业，就是用类似“抽签”的方法在全部上市公司中随机抽取企业；系统抽样法又称为等距抽样，从其表述中就可理解其含义，比如以等数量间距隔号选择上市公司；而分层抽样法则是使用现有的行业分类在不同行业中选企业。

与概率抽样选企业对应的是“优选”企业构建投资组合的方法。所谓优选是指一些人比其他投资者在理解和判断企业方面有优势，

能够选出未来的好企业。但是，从那些所谓的金牌分析师和基金经理每年风水轮流转的事实，人们可以想到，靠个人主观能力去选好企业难乎其难。退一步讲，即使这个世界上有人真的有预知未来哪个是好企业的能力，投资人也需仔细想想自己是否具备这种能力。

1. 概率抽样能做到用少数样本代表样本总体

概率抽样属于随机抽样，它是以概率理论和随机原则为依据来抽取样本的，指通过随机化的抽样过程，保证每个样本单元被抽到的概率相同，那么所抽出的样本的整体状况就能接近于全部样本的整体状况。虽然随机样本一般不会与总体完全一致，但它所依据的是大数定律，而且能计算和控制抽样误差，因此可以正确地说明样本的统计值在多大程度上适合总体，根据样本组合的结果可以从数量上推断总体，即以少数样本组合拟合总体的状况。

概率抽样之所以能够保证样本对总体的代表性，其原理就在于它能够很好地按总体内在结构中所蕴涵的各种随机事件的概率来构成样本组合，使之成为总体的缩影。

由于样本单元从总体中随机抽取出来，所构建的样本组合不受抽样者的主观干扰，而且能计算每一个单元的入样概率，因此能得到可靠的估计值及其抽样误差的估计值，并可对总体进行推断。

每个上市公司可视为一个样本单元，全部上市公司是单个上市公司样本单元构成的总体。通过概率抽样方法选择部分上市公司组合投资，就能达到接近投资全部上市公司的效果。

与概率抽样相对应的还有非概率抽样的方法。例如，判断抽样就是非概率抽样的一种方法，它是利用现有能够推断整体情况的样本替代抽样选择样本组合的方法。

沪深 300 指数是一个能够拟合沪深市场整体情况的指数，构成沪深 300 指数的企业就可以作为投资组合的样本企业，投资人可以直接选择沪深 300 指数的企业构建投资组合。目前国内指数基金大多采用沪深 300 指数为指数投资标的组合。

不过，对一般投资人来讲，虽然 300 家比目前的 2 600 家或者将来数量更多的上市公司要少，但若考虑到一般投资人的资金状况以及投资管理熟练程度，投资 300 家企业仍然有很大困难。因此，投资人采用概率抽样方法构建投资组合就很有必要。

2. 选择 30 家以上上市公司构建投资组合

随机选择 30 家以上上市公司构建投资组合，能够达到与全部上市公司 90%的拟合度。如图 2—1 所示，图Ⅰ表示选择上市公司的数量与全部上市公司拟合度的相关关系。所选择的上市公司数量越多，与全部上市公司的拟合程度越高。图Ⅱ表示所选上市公司组合与全部上市公司的拟合体现在每年净资产增长幅度上的拟合，拟合程度与所选企业数量多少呈正态分布。所选企业数量越多，投资组合净资产增长状况与投资全部上市公司净资产增长状况的拟合程度越高。过去 20 多年全部上市公司年化净利润率大于 12%，外生价值 3%左右，投资全部上市公司的年化净资产增长幅度为 15%左右。如果随机抽样所选企业超过 30 家，这些企业组合的净资产增长幅度在 90%的程度上与全部上市公司资产增长一致，即在 A—B 区间内与全部上市公司一致。为了操作简便和求得大致的拟合结果，所选企业数量不少于 30 家即可，具体多少家合适可由投资人按自己的管理习惯确定。如果组合中企业数量较少，组合企业合计的净资产或许有较大幅度增长，或许增长幅度较低甚至亏损，结果是不确定的。

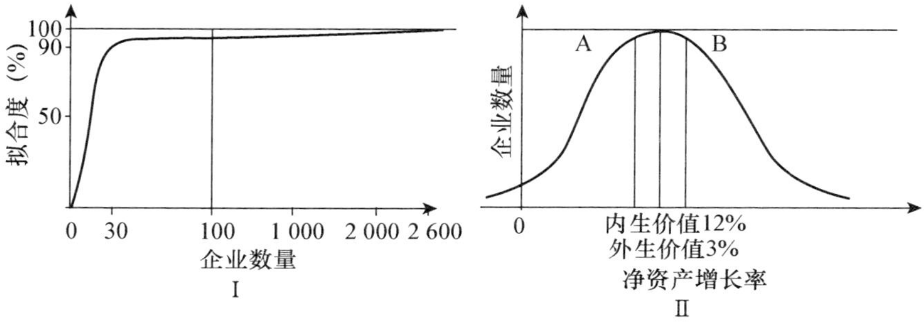

图 2—1　组合企业数量与全部上市公司资产增长拟合图

（1）构建超过 30 家上市公司投资组合不需要较多资金。目前在沪深股市购买一家上市公司的最小单位是 1 手即 100 股，2014 年年底平均股价是每股 11 元左右，购买一家企业股票所用资金约为 1 100 元，按现价购买 30 多家企业股票使用资金不到 4 万元。而且，由于目前大多数行业股票估值已经高于以往市净率 2 倍的平均水平，将投资组合完全构建起来，还要等待股价下跌、估值到合理水平以下，届时沪深股市平均价格还会进一步下跌，构建投资组合所用资金会更少。

（2）管理超过 30 家上市公司组合相对简单。大数投资的三项基本原则之一是长期持有原则。长期投资不需要频繁操作，所以即使投资几十家上市公司也基本不会有操作不过来的问题。为了提高收益水平，大数投资设计了降低成本的投资策略和交易准则，但执行投资策略和交易准则的实际操作并不多。例如，为了降低组合的投资成本，配置到组合中的股票由一年内的最低价格上涨 100%才会减半卖出，而股票上涨 100%一般需要较长时间，因而管理过程也不会忙乱。

（3）未来构建投资组合也不需要较多资金。这一点与未来合理估值水平下的平均股价不会很高有关。如前所述，目前沪深股市平均股价不高，以比较少的资金就可以构建完投资组合，那么以后会不会因为股价随企业净资产增加而上升，需要较多资金才可以做组合投资呢？这种担心也无必要。首先，企业平均净资产增长主要来源于净利润，企业的利润率不会突然改变。既然净资产增长有限，那么合理估值下的股票价格增长同样有限。其次，大多数上市公司会采取送股或转赠股票方式对投资人进行分配，因此也会降低每股净资产，抵消了因利润等带来的每股净资产增长。例如沪深股市 2014 年年底平均股价与 2011 年年底平均股价基本持平，但 2014 年年底平均净资产反而低于 2011 年年底，源于较多上市公司的送股以及转赠股份使总股本增加、每股平均净资产下降，这样合理估值下的股票价格也不会显著提高。

二、适用于选择企业构建投资组合的概率抽样方法

按照概率抽样原理，要想选择少数样本对样本总体进行推断，必须严格按照概率抽样方法抽取样本，对抽取样本的人为干预即使

很小，也可能造成较大偏差，因此对概率抽样原理的遵守必须严格。不过，原理虽然只有一个，但符合概率抽样原理的具体方法则有多种。选用哪一种抽样方法取决于多种因素，这些因素包括：可利用的抽样框形式，样本总体的分布情况，对总体单元进行调查的费用，数据使用者如何分析数据等。

统计分析强调，在对概率抽样方法进行选择时，目标应是使用那些最重要的指标，同时做到简便易行。概率抽样常用的方法有完全随机抽样法、系统抽样法、分层抽样法和整群抽样法等。

1. 完全随机抽样法

完全随机抽样法又称简单随机抽样法，指能同时获得全部样本的情况下，在全部样本中随机抽取组合样本的抽样方法。完全随机抽样法的意思是指抽样方法和抽样原理完全一致，而简单随机抽样的说法则因为该抽样方法形式上比较简单。完全随机抽样的“能同时获得全部样本”是指全部样本可置于同一抽样框架中，从而保证每个样本在抽选时有相等的被抽中的机会。例如，将写有每个上市公司的代码或名称的标签放入同一个盒子中，然后随机抽取即可。单纯从选择有代表性的上市公司的角度讲，使用完全随机抽样方法可以构建有代表性的投资组合，但是，随机抽出的企业如果是ST企业时，投资人在心理上一般不愿接受，除非投资人对概率抽样原理及方法从根本上完全接受，否则使用时遇到上述情形会受到投资者的心理排斥。

2. 系统抽样法

系统抽样法又称等距抽样法，就是按照样本单元编号等数量间隔抽样的方法。基本做法是，将总体中的各单元样本先按一定的顺序排列、编号，然后决定一个数量间隔，按照编号顺序和相同的数量间隔选择被抽取的样本。

样本距离可通过下面公式确定：

样本距离=总体样本数/抽取的样本数

该方法表面上有人为干预倾向，例如样本数量间隔多少，抽样人可以自由确定，但是由于抽取的样本数不小于最低样本数 30，并且数量间隔是均等的，本质上并没有破坏概率抽样原理。

用系统抽样法选择上市公司，也可能遇到与完全随机抽样相同的问题，如果选到的企业是 ST 企业，一般也会受投资人的心理排斥而不被接受。

3. 分层抽样法

分层抽样法也称分类抽样法，是指先将全部样本按某种特征分组或分群，然后在不同组群中抽样的方法。如果把组群分成 30 个以上单位时，组或群就成为拟合全部样本的抽样样本。

用分层抽样法选择上市公司构建投资组合，可以把全部上市公司按行业分组，所分行业数超过 30 个时，每个行业代表一个样本数量，就能满足组合样本数超过 30 的要求。行业划分好以后，每个行业所配置的资金一般不超过 3%，然后在行业中可以根据投资人所确定的其他标准选择企业。

4. 整群抽样法

整群抽样是以样本组为抽样单位抽取样本的方法。当总体样本较多时，例如总样本数上万以至于更多时，所要选择的样本数也要相应增加，这时就需要采取整群抽样方法。与整群抽样不同的前三种抽样方法中的抽样类型全部是按单一样本单位抽取的，即按样本单位数，分别一个样本一个样本地抽取。在整群抽样中，抽样是一群单位一群单位地抽取。

整群抽样需要有两个前提：一是同质性的样本组成一个子集，全部样本按同质性可以分为相互独立的较小子集；二是每个子集可以被随机抽到。沪深股市自创立以来运行了 20 多年，目前上市公司有 2 600 多家，在未来可预见的时间内，上市公司数量不会急速增多，而且从世界范围观察，有几千家上市公司的市场已属数量较多的市场，短时间可以不急于使用整群抽样法选择上市公司构建投资组合。

三、运用分层抽样法构建投资组合

分层抽样法构建投资组合的方法是，按照现有的数量超过 30 个行业的分类标准，将全部上市公司分为不同的样本组，然后在不同的样本组中选出低估值的企业构建投资组合。

1. 为什么选择分层抽样方法构建投资组合

应用概率抽样方法选择样本企业构建投资组合时，完全随机抽样法、系统抽样法和分层抽样法这三种方法都是有效方法。主张采用分层抽样法，原因是这种方法既符合概率抽样原理的客观性，同时也适应人们投资企业时倾向于采用主观判断的偏好。

前面分析过，完全随机抽样法和系统抽样法都可能选出ST类等业绩明显不好的企业，投资人无论如何都不愿将其纳入组合之中，但因此任意调整所选企业样本，又与概率抽样原理相矛盾。

比较而言，分层抽样法既符合概率抽样原理，同时又容易被投资人在心理上接受。使用分层抽样法选择企业，少数且必要样本数量是以行业作为标准的，只要所选的行业分类标准中行业数量大于30个，投资人就可以直接使用这样的行业标准，而目前这种现成的行业分类标准有多个，都可供投资人选择使用。

2. 分层抽样法中的行业分类标准选择

使用分层抽样法选择企业构建投资组合时，先按某种标准将上市企业分成不同的样本组，然后在不同行业样本组中选择企业构建投资组合。从理论上讲，样本组划分标准可以确定为地区，例如广东、北京等省、直辖市；或者是上市时间早晚；或者是上市公司的科技含量多少。但实际上，行业是划分上市公司样本组的最佳标准。

在实证检验中发现，非行业的其他样本组划分方法，例如以地区或以时间早晚作为划分标准所选企业组合与全部上市公司的拟合效果并不理想，而以上市公司科技含量为样本组的划分方法又很难操作。

以行业作为样本组划分标准，既容易操作，又效果良好。这其中所蕴涵的原理是利润平均化规律。利润平均化规律是指在市场机制作用下，资源会自动流向收益率高的领域而退出收益率低的领域，这里所说的领域一般是行业而非地区，即资源更容易在行业间流动，在所有行业间长期会形成一个平均的收益率。行业间利润平均化规律为以行业作为分层抽样的样本组划分标准奠定了基础。当然，统计专业人士投资时，利用自己的专业优势，通过详细的实证检验，或许可以找到其他的样本组的划分标准。

行业的具体划分不需要投资人自己操作，直接使用现有的行业分类标准即可，目前国内外比较通行的行业分类标准有多种。

国际上比较通用的行业分类标准主要有联合国国际产业分类标准、北美产业分类标准和全球行业分类标准等。

联合国国际产业分类标准按产品的同质性，将产业划分为农业、狩猎、林业、渔业，采矿、采石业，制造业，电、煤气和水供应业，建筑业，批零贸易等。现在各国政府统计部门的行业分类基本上以其为基础。

北美产业分类标准是北美国家在联合国国际产业分类标准的基础上修改和调整而制定的，基本延续了联合国国际标准产业分类的框架。

全球行业分类标准是由标准普尔与摩根士丹利公司于 1999 年 8 月联手推出的行业分类标准。包括四级分类，即一级 10 个经济部门，二级 24 个行业组，三级 68 个行业和四级 154 个子行业。

中国证监会借鉴上述标准的内容，于 1999 年 4 月发布了上市公司行业分类标准，2001 年 4 月予以修订，提出了以在中国境内证券交易所挂牌交易的上市公司为基本分类单位，适用于证券行业内的各有关单位、部门对上市公司分类信息进行统计、分析及其他相关工作的行业分类指导，也是沪深两市核准上市公司的参考标准。

该标准将上市公司所属行业分成 13 个门类：农、林、牧、渔业，采掘业，制造业，电力、煤气及水的生产和供应业，建筑业，交通运输、仓储业，信息技术业，批发和零售贸易，金融、保险业，房地产业，社会服务业，传播与文化产业，综合类，以及 90 个大类和 288 个中类。

目前证券公司所提供的交易软件基本上都有上述行业分类信息的内容。

为了反映概率抽样方法的优势，这里再强调两点：

第一，该方法操作原理简单。将概率抽样方法应用于研究投资组合并试图发现其中所蕴涵的统计原理，确实需要比较专业的知识背景。但本书的重点不在于此，而在于以概率抽样方法应用于构建组合的实用性。不仅如此，出于易于应用的考虑，本书对运用概率抽样方法构建投资组合的具体方法做了简化处理，给出了按行业标准划分样本群及在样本群中按估值标准选择企业的具体操作方法。没有统计专业知识的普通投资人都可按此方法实际操作。

第二，投资实践验证概率抽样方法易于构建投资组合。笔者在 20 年的投资实践中，早期对优选企业投资孜孜以求，为此将大量时间用在研究个别企业上，希望掌握更多的信息及其分析结果预见企业的未来。结果发现，对企业未来的发展及其收益进行预测是极其困难的事。经过 20 年的投资及对企业的分析实践，虽然积累了一些分析判断企业的经验，但目前我对这些经验的依赖程度有限，特别是这些经验具有主观倾向，难以作为普遍原理加以阐述。目前，我选择企业时倾向于使用概率抽样方法。基于此，本书向投资人推介具有普适性的概率抽样方法。当然，投资人随着投资实践及经验逐渐丰富，确认自己能够凭借经验选择企业，不妨适当尝试采用其他方法。

3. 分层抽样法构建投资组合的一个实例

笔者在2011年底完稿、2012年初出版的《大数投资》一书的后记中，敦促投资人在当时沪深股市较低估值水平的情况下，坚定投资信念，及时在不同行业选择比整个市场估值水平更低的企业构建投资组合。如果投资人严格按照分层抽样法构建投资组合，那么首先，投资人可以使用大多数证券公司为用户提供的交易软件中把行业划分为50多个的行业基准，在50中选30容易操作，把资金分成大致相等的30个份额进行配置。其次在50多个行业中按估值由低到高排序，选择前30个市净率和市盈率两项估值均加权平均较低的行业，并依据价格高低购买不同数量的股票构建投资组合，结果如表2—1所示。

表2—1　2011年12月30日至2014年12月31日30个低估值行业企业组合投资的表现

公司简称	公司所属行业	2011年12月30日				2014年12月31日		2011年12月30日至2014年12月31日
		价格	市净率	市盈率	买入股数	价格	持有股数	派现
嘉宝集团	综合	5.79	1.36	11.35	1 100	8.28	1 100	545.60
亨通光电	通信设备	16.2	1.53	13.17	400	18.95	600	156.80
金地集团	房地产	4.95	1.07	7.38	1 400	11.41	1 400	404.88

续前表

公司简称	公司所属行业	2011年12月30日				2014年12月31日		2011年12月30日至2014年12月31日
		价格	市净率	市盈率	买入股数	价格	持有股数	派现
中国建筑	建筑	2.91	0.98	6.47	2 400	7.28	2 400	738.24
经纬纺机	多元金融	9.23	1.64	11.40	700	18	700	170.80
中信证券	证券	9.71	1.24	7.89	700	33.9	700	570.15
北京银行	银行	9.28	1.15	7.73	700	10.93	1 008	566.44
天津港	交通设施	6.05	0.92	10.80	1 100	17.13	1 100	487.74
外运发展	仓储物流	5.89	1.10	11.78	1 200	16.35	1 200	786.00
海南航空	运输服务	4.48	1.28	7.00	1 500	3.42	3 000	304.50
林洋电子	仪器仪表	10.59	1.49	16.29	600	22.64	720	484.20
安徽合力	工程机械	10.18	1.58	13.57	600	15.65	864	449.64
特变电工	电气设备	7.68	1.58	16.34	900	12.38	900	281.12
广东鸿图	通用机械	9.09	1.63	16.83	700	15.85	700	232.75
中国北车	运输设备	4.25	1.41	12.50	1 600	7.1	1 600	528.00
紫江企业	广告包装	4.01	1.54	11.14	1 700	5.05	1 700	629.00
城投控股	水务	6.21	1.12	16.78	1 100	7.23	1 430	425.70
王府井	商业连锁	20.83	1.80	15.20	300	22.18	300	423.00
复星医药	医药	8.54	1.66	14.00	800	21.1	800	436.80
宜华木业	家居用品	3.7	1.04	16.82	1 700	6.02	1 700	342.98
华域汽车	汽车	9.26	1.44	8.05	700	15.48	700	747.60
小天鹅	家用电器	8.57	1.57	11.90	800	13.08	800	600.00
雅戈尔	纺织服饰	9.38	1.73	11.87	700	11.51	700	917.00
恒丰纸业	造纸	5.91	1.12	15.55	1 200	7.98	1 200	343.92
海螺水泥	建材	15.65	1.84	7.14	400	22.08	400	354.00
浙江龙盛	化工	5.72	1.25	10.40	1 200	19.68	1 200	609.60
亚太科技	有色	13.86	1.33	23.10	500	17.78	100	397.50
大冶特钢	钢铁	9.72	1.51	7.48	700	9.87	700	385.00
海油工程	石油	5.5	1.01	6.71	1 200	10.53	1 200	186.00
国电电力	电力	2.79	1.57	12.13	2 500	4.63	2 500	842.50

由表2—1可以算出，2011年底资金均衡配置于市净率和市盈率较低的前30个行业企业，所用资金大约为20万元。到2014年的3年时间内，30家企业的股票市值为370 384.74元，所获得的分红收益为14 347.46元，资产总额合计增加到384 732.20元，增加了90%以上。这个结果不仅显示出分层抽样法构建投资组合能够获得安全收益的道理，也同时显示出以低估值构建投资组合有较高收益的道理。投资人可以采用统计回溯方法，结合沪深股市的实际情况进行检验，既可确定其真实性，也通过该实例的研究分析掌握分层抽样法的操作方法。

投资组合的动态调整

投资组合的动态调整，是指对现有投资组合中企业配置资金的增减操作。投资组合的动态调整主要体现在投资策略以及交易准则的具体操作中，此处主要讨论一些原则问题。

对现有组合中企业配置资金的增减操作包括两方面的内容。

一是调整个别行业的资金配置。按分层抽样法的要求，投资每个行业的资金占投资总额的比例一般不超过3%。组合构建过程中或组合构建完毕后，如果恰好某个行业企业的股票短时间上涨较快，比如其市值占比达到投资余额的6%，此时可考虑卖出一半，将投资该行业企业的资金比例调低，占比调到3%的水平。这样的调整不仅将该行业企业资金配置比重降低，同时也降低了组合的投资成本。

相反，如果投资组合中的一些行业的企业，由于其估值水平没有达到较低水平，所配置资金占比较低，则需随着估值下降增加配置。

二是调整组合投资占全部投资资金的比重。当市场整体估值水平在平均估值水平以下且持续下跌时，应该不断买进那些估值更低的股票以相应增加投资组合的配置比重，直至平均市净率趋近 1 倍时，将投资组合占全部资金的比重调整到较高的水平，例如 2/3 的水平。相反，当估值在平均水平以上逐步提高时，要逐步降低投资组合的配置比重，调低持有投资组合的成本。

一、以降低成本准则调整组合

降低成本准则是交易法则中的首要准则，是通过交易降低投资组合成本的重要途径，投资组合的动态调整应坚持这一准则，通过降低投资组合的成本提高收益水平。降低投资组合的投资成本，可以通过减少配置和增加配置两种方式实现。

一方面，市场价格上涨时，减少配置可降低投资组合的成本。例如，某个行业的企业的股票配置占比达到 3%时的平均价格为 10 元/股，如果其他企业股票价格没有显著上涨，而该企业股价上涨一倍至 20 元/股，配置占比至 6%，此时减半卖出，投资成本可直接降至零。

另一方面，市场价格下跌时，增加配置可降低投资组合的成本。例如，投资总额为 90 万元，一个行业配置大约 3 万元。某行业中某企业的股票估值市净率为 2 倍时，价格为 10 元/股，配置占比大约为1%即1万元。如果短期股价下跌至7.5元/股，市净率降至1.5倍，则可以继续增加配置占比至大约2%即2万元。如果其股价继续下跌至5元/股，市净率降至1倍，则可以继续增加配置至大约3%即3万元。此时，该企业的平均配置成本为7.5元/股，比配置之初的投资成本有所降低。在后面的交易部分，我们还给出了另一种调整策略，例如同样投资总额为90万元，一个行业配置大约3万元。当某行业中某企业股票市净率为2倍时，价格为10元/股，此时配置大约占计划配置3万元的1/3即1万元，买入1 000股，此后，股价每循环下跌20%至8元/股、6.4元/股、5.1元/股，分别买入1 000股，所用资金为8 000元、6 400元、5 100元，估值接近市净率1倍时，计划配置的3万元资金基本配置完毕，平均股价大约为7.5元/股。与前面随市净率降低增加资金配置的效果一样，但更加方便。

二、随价格波动顺势调整投资组合

所谓随价格波动顺势调整投资组合，就是价格波动出现调整机会时自然而然地进行调整，而不是按照投资人的主观愿望去调整投资组合。随价格波动顺势调整投资组合按照投资业内的习惯也叫逆向投资，也就是价格下跌低估时增加配置，价格上涨高估时减少配置。

不过，投资组合调整还有一项奇妙的功能，即可利用市场价格变动的随机性获得超额投资收益，也就是说，投资组合具有与全部上市公司大致相同的盈利及资产增长水平，并且这一结果并不会受到组合中少数企业转坏的影响。但由于市场价格的随机波动，少数企业价格的大幅上涨却能达到提高投资组合收益的目的。

对投资组合进行动态调整时，可以卖出或部分卖出那些企业资产价值并无显著上升而股价大幅上升的股票，增加较低估值企业股票的配置，或等待其他企业估值下跌时增加配置。

投资人会发现，无论自己确定什么样的具体标准进行调整，都可能与市场表现不一致。例如，以高出平均估值水平一倍为严重高估的标准减半卖出持有的某家企业股票，但结果是卖出的继续上涨，没有高估的反而不上涨。投资人应明确，所确定的卖出标准并不是依据个别企业价格波动情况做出的，而是依据能够降低投资组合整体成本以及提高投资组合收益的统计回溯结果做出的。

三、结合市场估值水平调整投资组合

衡量市场整体估值水平可以从两个标准考虑：一是市场平均估值水平。沪深股市过去长期的平均估值水平大约为市净率 2 倍和市盈率 20 倍。本书主张，估值向平均水平以下波动时，买入估值较低行业企业的股票，增加投资组合的配置比重；当估值向平均水平以上波动时，卖出估值较高行业企业的股票。二是市场结构性估值状况。市场有时整体估值并没有显著高估，但许多行业出现了高估的情况，那么构建组合时应选择那些没有高估的行业企业的股票。

1. 以市场整体估值水平为依据调整投资组合

以市场整体估值水平作为构建投资组合的依据，就是前述的在平均估值水平以下增加投资组合配置，在平均估值水平以上减少投资组合配置，具体的量化结果结合投资策略和交易准则确定。以市场整体估值水平为依据，最应该强调的是在严重高估时，一定不要增加哪怕是一点点的配置，一旦失误，以后要花时间去弥补损失，而且即使花一定时间能够弥补损失，至少投资人的时间也已经被浪费了。

实证研究表明，像2007年市场严重高估的年份，即使建立一组相对低估值的投资组合，其收益水平也是低于市场平均水平的。换言之，市场整体高估时，虽然个别上市公司仍然有价值，但已经无投资价值可言。

以市场整体估值水平为前提，应牢固树立的理念还包括：市场整体估值水平较低时，应迅速构建完投资组合，包括选择足够数量的行业企业，以及投资组合配置资金占投资余额的比重达到相应标准。

有些人在市场整体依然高估时，过早开始配置投资组合，这往往源于人们担心市场持续高估失去投资机会。从市场长期表现来看，这种担心大可不必。目前证券市场的实际表现是，市场波动更加频繁，上涨下跌周期缩短，例如，2004年底到2014年底的10年时间，沪深股市出现了三落三起的波动，平均3年多就完成了一个下跌上涨的波动周期，期间下跌时市场整体是低估的，沪深股市出现整体低估值的机会并不鲜见。

2. *考虑市场结构性估值状况调整投资组合*

2014年7月以后，沪深股市价格再一次快速大幅上涨，在短短不到半年的时间里平均价格上涨幅度超过50%。由于这次股票价格上涨前，整个市场估值水平几乎处于历史最低水平，市净率为1.3倍左右，股价大幅上涨之后整体估值水平与历史平均水平相比并没有显著高估。然而，与整体估值水平不高相对应的是大多数行业企业的股票已经高估，这种情况也是以往较少出现的情况。以往的情况是，沪深股市整体高估，大多数行业股票同样高估；沪深股市整体估值不高，大多数行业股票估值也不高。

但是，不管市场价格及其估值变化有什么新情况出现，对投资人而言，不变的原则是，选择企业构建投资组合是购买了与全部上市公司盈利相近的净资产，估值高意味着同样的资金买到较少的净资产，估值低意味着同样的资金买到较多的净资产，所以，在市场出现行业估值超过平均水平估值的条件下，对那些估值高的行业应暂时不予配置资金，只保留估值合理行业的股票在投资组合中。特别是在目前新股发行有较高套利收益、国债逆回购有大约3%年化收益的条件下，那些暂时没有配置到投资组合中的资金可以用于申购新股或做国债逆回购，等到高估行业降到合理估值水平及其以下时再配置不迟。

第三章/*Chapter Three*

企业股票估值法

股票估值法就是借助某项指标评估企业价值的方法，用来确定购买股票的合理价格，也用来对现有股票价格是否合理做出判断。

怎样理解股票估值的含义呢？下面我们从简单的例子入手进行分析。例如，如果甲企业股票净资产是 4 元/股，股价是 8 元/股，购买 1 股所用资金是 8 元。如果甲企业股价超过 8 元/股，为 10 元/股，购买 1 股所用资金为 10 元，相比 8 元/股，我们会认为 10 元/股比较贵，不愿以 1 股 10 元的代价买进甲企业的股票。再如，如果乙企业股票净资产是 8 元/股，股价是 10 元/股，购买 1 股所用资金是 10 元，相对于甲企业股票而言，我们更乐于以 1 股 10 元的代价买进乙企业的股票。

上述例子说明，购买股票不是以股票价格的绝对高低作为标准的，而是以股票价格的相对高低作为标准的，判断股票价格相对高低的标准就是股票的估值。在上述例子中，我们使用的估值标准就是股票价格与净资产的比值，也就是通常所说的市净率指标。同样10元/股的价格时，甲企业股票的市净率是2.5倍，乙企业股票的市净率是1.25倍，从而判断乙企业股票价格不高而甲企业股票价格高。

大数投资所定义的价值是上市公司的净资产和净利润，采用的基本估值方法是市净率估值法和市盈率估值法。

市净率和市盈率是计算上市公司股票估值的基本指标，不仅因为其容易使用，而且从统计实证上发现，它们是构建投资组合的有效标准。

市盈率、市净率既是大数投资基本估值法中所采用的指标，也是其他投资方法中常常提到的指标，但大数投资使用这两项指标，主要是基于市净率和市盈率更有利于衡量投资成本或计算投资回收期限。

为了从其他方面更深入地理解市净率估值法和市盈率估值法的效果，并通过比较了解市净率和市盈率作为估值指标使用所具有的优势，本章从比较广泛的角度对其他估值方法也做了分析。对于其他估值方法，投资人可尝试应用于投资实践，也可作为比较市净率估值法和市盈率估值法优劣的参考方法使用。

企业股票估值法分类

目前，在证券投资业内，按照是否直接给出股票价值的标准，可将估值法分为直接估值法和间接估值法；按照股票价值是以一项指标还是多项指标为标准，可将估值法分为单指标估值法和多指标估值法。

一、直接估值法和间接估值法

直接估值法，是指用企业财务等有关指标直接算出每股股票价值作为估值标准的方法。目前财务分析中常用的现金流折现法就被用作直接估值法使用，即综合评价影响企业未来的各种因素，计算出企业未来收益现金流折现值的方法。除了现金流折现法之外，还可用其他能够算出企业合理价值的指标进行估值。例如，某企业利润为 0.5 元/股，如果投资人可接受的风险收益水平为 5%，那么可算出该股票投资价值为 10 元/股。如果该股票价格高于 10 元/股，就认为价格是高估的；相反，如果该股票价格低于 10 元/股，就认为价格是低估的，则每股 10 元以下就可以买入。

直接估值法的优点是估值结果表达直接明了，投资人只要将估值结果与股票时价相比较，就可以判断股票现有价格是否合理。即如果股票时价低于股票估值结果，投资人就可以买进股票。缺点有，一是计算估值结果难度较大，例如计算企业股票未来收益折现值比较烦琐。二是有时虽然能够分别计算出不同企业的估值结果，但不能直接通过比较其结果确定优先购买企业的顺序，还需要通过对估值结果的再评估才能得出结论。例如，有甲、乙两家企业，其中甲企业股票的价值为 10 元/股，乙企业股票的价值为 15 元/股，甲企业股票市价为 8 元/股，乙企业股票市价为 11 元/股，两家企业的股票市价均低于各自的价值水平，那么究竟应该买入哪一家企业的股票呢？显然还需要计算各自价值与价格的相对差别才能决定。

间接估值法，是指通过市盈率、市净率、市销率等指标间接计算企业股票价值的估值方法。这种估值方法的优点是所需指标数据容易获取或容易计算，很多数据可以直接从交易平台或其他应用分析软件获得，并且这些数据直接给出了不同企业股票估值结果的高低顺序，确定了投资组合股票的购买顺序。缺点是所选取的估值指标没有直接给出股票的价值，需要经过相关指标计算换算成股票价值，显得不够直观。不过需要指出，作为间接估值法的市净率和市盈率不存在这样的缺点。

二、单指标估值法和多指标估值法

单指标估值法是指用市盈率、市净率、净资产收益率等指标分别作为企业股票价值评价标准的估值方法。这种方法的优点是，通过分析不同企业在所选指标上的实际数值，可对不同企业的价值高低直接进行排序、比较。缺点是有些单项指标虽然能反映企业经营成果，但却无法直接给出股票价值多少，投资人使用单项指标对不同企业进行比较选择时常常因此受到困扰。例如，甲、乙两家企业净资产收益率分别为 16%和 8%，股价分别为 12 元/股和 6 元/股，究竟是优先配置哪家企业，只靠净资产收益率这个指标显然还不行，投资人还需使用其他指标。

多指标估值法是指将市盈率、市净率、净资产收益率等有关企业资产质量和盈利能力指标同时作为企业投资价值评价标准的估值方法。这种方法的优点是，对影响企业价值的因素考虑全面，对不同企业价值的高低排序相对稳妥。缺点是由于指标过多，计算估值结果比较烦琐。

需要指出的是，用多指标估值，由于各项指标之间具有不同的价值量纲，例如净资产收益率和企业经营年限两个指标，一个是比率量纲指标，一个是年限量纲指标，二者不同，无法直接进行比较，需要转化为无量纲指标进行比较。例如，甲、乙两家企业，甲企业净资产收益率高而经营年限短，乙企业净资产收益率低而经营年限长，在两项指标上甲、乙两家企业各有优劣，无法直接判断谁的估值有优势。如果将净资产收益率和经营年限指标都转化成股票投资价值的概率值，即多少净资产收益率对应多高的投资价值概率，多少经营年限对应多高的投资价值概率，就可以分别计算两家企业以多项不同指标衡量的各自股票投资价值的概率值。这样做，不但能够确认每家企业投资价值的大小，还能直接比较不同企业股票投资价值的高低。

大数投资方法中采用的基本估值方法是市净率估值法和市盈率估值法，这里讨论估值方法分类以及接下来介绍其他一些具体方法，主要目的是让投资人在多了解一些估值方法的基础上，通过比较，明白大数投资选择市净率估值法和市盈率估值法的道理。

大数投资的估值方法

选择市净率和市盈率作为大数投资的估值指标及其方法是充分考虑了证券市场的运行特点及其对企业价值表现的影响等背景，也充分认识到市净率和市盈率指标用于估值及其投资基准所具备的功能。市净率和市盈率各自既是单项估值指标，也是间接估值指标，但是二者用于单指标估值法或间接估值法中不但没有其他指标通常所存在的缺点，反而表现出简单、直观的优点。同时考虑以市净率和市盈率所确定的估值标准选择企业构建投资组合，或者实施相应的策略或交易操作，既能保证有较好的投资结果，也尽可能使投资人在投资过程中保持良好心态。

上市公司股票价格围绕净资产波动，为以市净率和市盈率作为估值标准确定了基础。

一般来讲，创办非上市公司，所投资本一般会形成公司的净资产。购买非上市公司，一般无须支付高于其净资产的成本价格。因此，衡量非上市公司的投资价值一般以净资产作为评价指标。净资产成为衡量非上市公司价值及其投资成本是否合理的基本指标。衡量非上市公司的投资成本因此有了可依据的评价标准。当然，投资人实际考虑投资价值以及投资成本时，还要考虑资产盈利能力、公司未来前景等多种因素。但不管怎样，净资产成为评价非上市公司价值的基本指标，也因此成为投资者投资价值的基本指标，换句话讲，非上市公司的价值与投资者的投资价值基本是一致的。

投资上市公司，与投资非上市公司不同，除个别情况外，投资上市公司所支付的股票价格高于其净资产价值，即购买上市公司不是以接近净资产的“平价价格”，而是以高于其净资产的“溢价价格”。那么究竟支付多高的价格合理呢？正如购买非上市公司以其净资产价值为标准一样，购买上市公司则以能合理反映溢价水平高低的指标为标准，市净率容易衡量股票价格与其价值溢价程度。

就个别企业观察，其未来盈利能力以及资产价值的增减具有不确定性，股票价格更是受多种因素影响频繁波动，市净率似乎也难以作为合适的估值指标。但对上市公司的总体观察发现，上市公司总体价格变化趋势与其盈利和净资产价值持续增长的趋势一致，因此，可以将市盈率和市净率等估值指标作为投资上市公司的投资价值指标，而且可以根据这些指标的长期变化数据，确定构建投资组合时的具体数值，特别是概率抽样提供了构建投资组合拟合全部上市公司净值及盈利的价值路径。

构建投资组合依据市净率和市盈率标准，并非希望通过估值判断股票的价格走势，而是力求通过正确估值以相对较低的价格买进股票并有信心长期持有，避免受股票价格波动的干扰。对以投资企业理念投资股票的投资人而言，股票价格或高或低都是相对概念，都是针对某一时点股票价格与以前相比而言的。股票价格变动趋势无法预测，也没有必要预测。只要正确进行股票估值，就能保证自己以较低价格购买企业股票。投资人买进低估值股票后，即使股票价格继续下跌，投资人暂时遭受投资损失，但损失也会相对较小。而且价格降到低估值水平的股票，长期价格终究会上涨，能够给投资人带来良好的投资回报。

市净率和市盈率作为估值标准的好处很多，这里仅指出最重要的两点，其他将在后面再做讨论。

1. 可以直观明了地判断投资成本高低

投资人无须复杂计算，由市净率可以立刻判断出购买一定的净资产支付了多高的溢价价格，由此也就预先知道了投资成本的高低。1倍市净率表示没有溢价，2倍市净率表示购买同样的净资产多花费了1倍的成本。并且通过与市场长期的平均市净率相比，可以预先知道所支付的成本是否合理。由市盈率的大小可以立刻判断出购买年化的净利润支付了多高的溢价价格，同样也就预先知道了投资回收期限的长短。两个指标结合使用会更容易理解其回收期的含义。例如1倍市净率、10倍市盈率表示在没有溢价的情况下投资回收期为10年，2倍市净率、20倍市盈率表示溢价1倍投资回收期增加了10年，由10年变为20年。

2. 可以直观明了地判断短期风险底线

由于投资人可以通过市净率和市盈率指标直接判断与净资产相比的溢价水平以及投资回收期长短，也就可以简明地判断短期风险底线。股价跌至净资产是股票价格下跌的底线，也就是短期投资风险的底线。之所以称为短期风险，是因为在市净率和市盈率不高的情况下，随着企业不断产生利润，净资产不断增加，长期而言股票价格不会低于购买时的价格。按照大数投资的绝对胜算投资策略，构建投资组合的平均市净率水平应为1.5倍。假如投资人构建投资组合投入100万元资金，那么实际买入的净资产大约为66.7万元。短期看，投资人最大亏损底线是股票市值由100万元降到66.7万元；从长期看，由于每年盈利百分之十几，不到4年时间，净资产就会超过100万元以上。

总而言之，以市净率和市盈率为估值指标，可以在实际投资之前预先了解和判断投资成本高低，预先判断短期风险底线以及确认长期必有投资收益的理由。

一、市净率估值法

市净率是股票价格与股票净资产的比值，即市净率＝每股股价/每股净资产。市净率估值法是将市净率作为股票价值标准的估值方法。应用这种方法，首先需要确定一个市净率估值的标准值，即市净率的边际值。某一企业股票的实际市净率，如果低于市净率的边际值即为股票价值低估，高于边际值则为股票价值高估。

市净率的表面含义是指股票价格为股票净资产的多少倍，实际含义是指企业盈利与企业净资产密切相关，即如果企业的利润脱离了企业净资产，其可靠性就会大打折扣。价值投资法的创立者本杰明·格雷厄姆所提出的内在价值等于股票账面价值与股票净流动资产的比值的定义，代表了市净率最早的概念。在格雷厄姆投资的年代，企业的信息披露远不够透明，为了强调投资的安全性，他对净资产所能反映的真实性也提出了比较苛刻的标准，强调用可以变现的净流动资产替代净资产对股票价值进行估值可能更为可靠。

市净率有代表市场整体水平的股市市净率，以及具体股票的市净率等不同表达形式。市场整体市净率是市场所有股票的价格总额与所有股票的净资产总额之比；股票市净率是每股股价与每股净资产之比。

市场市净率的长期平均值可以运用统计回溯计算出来，以年度投资为基准，过去 20 多年沪深股市平均市净率为 2 倍左右，运用大数投资方法要取得高于全部上市公司的投资收益，采用的市净率标准应以 2 倍为上限边际值。

市净率估值法的优点是，能直观反映企业股票价格与净资产的数量关系，反映与所投资企业的净资产相比投资人多支付的价格是多少。

第一，用市净率估值法能迅速对整个市场的估值水平高低做出判断。由过去 20 多年沪深股市年化平均市净率为 2 倍的实际结果可以判断，当沪深股市市净率超过 2 倍时，股市价格趋向高估价值；当沪深股市市净率低于 2 倍时，股市价格趋于低估价值。

第二，借助于市净率指标，投资人可以直观比较个别企业估值水平与整个市场估值水平的差异。投资人是否折价买入股票，是以市净率为直观判断标准的。

第三，市净率可以用来对同一行业企业之间、不同行业企业之间进行评估，以及企业投资价值进行纵向比较。这可以帮助投资人通过统计结果和较长时期的历史观察，来确定低估和高估的具体标准，便于投资的具体操作。

投资人应注意，市净率估值法的优点表现在应用于组合投资上，否则，如果投资股票数量较少，其间出现财务数据不真实，或者虽然以往财务数据真实，但由于某种意外导致企业出现重大亏损而使企业净资产大幅减少，就可能使投资人蒙受巨大损失。

二、市盈率估值法

市盈率是股票价格与股票盈利的比值，即市盈率＝每股股价/每股盈利。应用这种方法，首先需要确定一个市盈率估值的标准值，即判断投资价值高或低的标准的市盈率的边际值。某一企业股票的实际市盈率如果低于市盈率的边际值为股票价值低估，高于边际值为股票价值高估。

同市净率一样，市盈率有代表市场整体水平的股市市盈率，以及具体股票的市盈率等不同表达形式。市场整体市盈率是市场所有股票的价格总额与所有股票的企业利润总额之比，股票每股市盈率是每股股价与每股盈利之比。

由统计回溯结果可知，以年度投资为基准，过去 20 多年沪深股市平均市盈率为 20 倍左右。大数投资方法从安全角度考虑，是通过组合投资拟合全部上市公司实现无风险投资；从收益角度考虑，是通过低估值实现优化投资。实际采用估值的市盈率应以 20 倍为上限边际值。

市盈率估值法的优点是，投资人能以市盈率迅速判断出投资回收期。市盈率的含义是按照目前企业的实际盈利水平，在股票上所支付的投资本金多少年能够收回。对投资人来说，市盈率是股票投资回收期即投资回收年限的静态直观表达。

第一，借助于市盈率指标，投资人可以立刻知道投资某一家企业股票的可能投资回收年限和年均收益水平，由此能对投资可行性做出基本判断。

第二，借助于市盈率指标，投资人可以直观比较个别企业估值水平与整个市场估值水平的差异。在投资人折价买入股票时，市盈率提供了直观和整体的比较标准。

第三，用市盈率可以对所投资股票在企业所属行业内进行比较。对同一行业内的企业而言，如果企业价值差异不大，市盈率越低的企业股票的实际估值越低，越值得购买。

第四，用市盈率可以对不同行业或整个股市的估值水平进行评估。当某些行业或整个股市的市盈率水平高于市盈率的边际值时，一些企业股票的实际市盈率可能仍低于市盈率的边际值。理论上讲，这时可以不理会整个市场的情况而继续投资，但此时投资人必须小心，确认那些低市盈率企业的盈利是否真实。如果那些企业有因为股市上涨带动自己所投资其他企业的股票上涨而形成的收益，那么对这些低市盈率股票并不能简单地判断为价值低估。整个股市估值水平较高时，对个股的投资需谨慎；相反，整个股市估值水平较低时，则不妨大胆投资。

投资人同样应注意，市盈率估值法的优点同市净率估值法的优点一样，表现在应用于组合投资上。因为个别企业利润的不真实或不可持续，会造成据此计算出的实际市盈率失真，从而对投资者造成较大损失。不过，如果是组合投资，则不必担心个别企业利润失真带来的股票市盈率失真。大家要牢记，在组合投资中以市盈率作为估值标准才是有效的。

投资人还应注意，这种方法对于长期投资而不是短期投资有效。也就是说，投资人选择低市盈率的股票进行组合投资，长期会有较好的投资回报，但短期回报情况却可能有时高、有时低。因为市场价格的短期波动与市盈率高低并没有显著的相关关系。低市盈率的股票短期未必一定上涨，高市盈率的股票短期也未必不涨。以市盈率作为估值标准需立足于长期投资。

使用市盈率估值法还要留心的一点是，市场里有用所谓动态市盈率替代静态市盈率的观点，其理由是，好企业的收益都是不断增长的，用企业目前为止的盈利计算的市盈率是静态市盈率，低估了企业的未来价值。投资人对此应保持警醒，上述观点的误区在于，市盈率为倍数关系表明投资人已经为好企业的未来收益支付了较高的投资价格。若用动态市盈率作为估值标准，一是企业的未来收益具有不确定性；二是投资人可能需要支付更高的投资价格。其实，按动态市盈率标准投资，投资人多支付的成本即高价格是确定的，而投资企业股票的盈利水平却具有不确定性。历史统计结果支持投资人可以为未来收益支付一次溢价成本，但不应该在溢价的基础上以动态市盈率标准再支付一次溢价成本。

三、市净率和市盈率在构建投资组合时的应用

上面讨论的是市盈率估值法和市净率估值法的有关原理，其应用具体表现在构建投资组合的投资策略和交易规则之中。

以分层抽样构建投资组合的随机抽样方法要求，每个行业配置资金占投资总额的比重一般不超过 3%。如果投资资金总额为 90 万元，那么一个行业所配置的资金不超过 3 万元。那么，计划配置到每个行业的 3 万元资金怎样实际配置呢？由上面讨论的内容可知，应该在同时满足企业股票市净率 2 倍以下、市盈率 20 倍以下条件时配置资金。那么是否出现了市净率 2 倍以下、市盈率 20 倍以下的股票就将 3%或 3 万元资金配置完呢？如果不是这样，那么估值到什么水平才配置完呢？实际上，上述问题是怎样用市盈率和市净率指标具体构建投资组合的问题，可以按照下面的内容操作。

1. 按绝对胜算投资策略确定市净率和市盈率估值标准

不管是依据理论假定，还是根据世界证券市场发生的事实，都可以将股市平均市净率为 1 倍作为股市下跌的底线。按照沪深股市长期盈利结果计算，两市平均市盈率大约为平均市净率的 9 倍，为了方便思考，可以按大约 10 倍考虑。如果以沪深股市平均市净率 1 倍为股市下跌底线指标，那么平均市盈率 10 倍亦应为股市下跌底线指标。配置资金时，就可以考虑在股票市净率 2 倍到 1 倍之间、市

盈率 20 倍到 10 倍之间配置完，具体可以结合构建投资组合的绝对胜算投资策略进行操作。

在投资策略部分给出的绝对胜算投资策略公式如下：

$$X=2P-1$$

式中，X 为实际配置到某企业的资金占计划配置到某企业资金的比例。P 为对应不同估值水平投资该企业的收益水平超过投资全部企业平均收益的胜算概率值。这里的 P 值就由市盈率或市净率求出，市盈率或市净率越低，P 值越高。也就是说，计划配置的 3 万元要根据市盈率或市净率的高低配置，到市盈率为 10 倍或市净率为 1 倍，3 万资金配置完。具体可参看表 3—1。

表 3—1　　市净率和市盈率估值指标所对应的胜算概率值及配置比例

估值及胜算概率值 / 投资策略 X（%）	PB	PE	P（%）
不投资	>2	>20	≤50
30	2	20	65
60	1.5	15	80
90	1	10	95
100	<1	<10	100

由表 3—1 给出的结果，企业市净率分别为 2 倍、1.5 倍和 1 倍时，或者市盈率分别为 20 倍、15 倍和 10 倍时，投资胜算概率分别为 65%，80% 和 95%，投资绝对胜算概率分别为 30%，60% 和 90%，相应地实际配置于企业的资金占计划投资该企业资金的比重

分别为30%，60%和90%，也就是说，X是按绝对胜算概率确定的。市净率大于2倍或市盈率大于20倍时，胜算概率小于等于50%，暂不选择配置；市净率低于1倍或市盈率低于10倍时，胜算概率及绝对胜算概率为100%，配置于企业资金的实际比例可达100%。

由表3—1可知，计划配置到某行业企业的资金为资金总额的3%，前面假定为3万元。如以市净率为估值标准，这3万元资金在市盈率为2倍时，配置大约1万元；市净率为1.5倍时，配置到大约2万元；市净率为1倍时，配置到大约3万元，配置完。同样，如以市盈率为估值标准，市盈率为20倍时配置1万元；市盈率为15倍时配置到大约2万元；市盈率为10倍时配置到大约3万元，配置完。

按照市盈率或市净率估值法，对不同行业企业实际配置资金随估值越低配置越多的操作，也可参考第五章的相关内容。

2. 结合使用市盈率和市净率指标

上面谈到的是市盈率和市净率分别作为估值指标使用的操作标准，大数投资主张两项估值指标同时使用，也就是要求构建投资组合时，所选择的企业同时满足市盈率和市净率低于边际上限的要求，但是面对以下具体情况时如何处理呢？例如同行业的甲公司市盈率为15倍，市净率为1.5倍；乙公司市盈率20倍，市净率为1倍。如果以市盈率估值指标衡量，甲公司估值低，应选甲公司；如果以市净率估值指标衡量，乙公司低，应选乙公司。究竟选哪一家合适呢？

下面给出两种方法。

第一种方法：市净率孰低原则选择方法。满足市盈率低于上限边际值的条件下，哪个企业的市净率低就优先选择哪个企业。在上面的例子中选择乙公司。

第二种方法：市净率、市盈率等权重方法。首先给出市盈率和市净率对估值的影响权重各占50%，然后按照表3—1给出的数值，分别找出不同企业对应不同市净率和市盈率的胜算概率值。甲公司的胜算概率值分别为80%和80%，乙公司的胜算概率值分别为65%和90%，最后以市盈率和市净率各占50%的权重分别求出甲公司加权平均胜算概率值为80%，乙公司加权平均胜算概率值为77.5%，优先选甲公司。

需要强调的是，大数投资是以投资组合而不是对个别企业投资来衡量投资结果的。如果从单一企业衡量，即使两项估值都较低的企业也不能保证未来必有较好的投资回报。所以两项指标同时使用时，只要所有行业企业使用的标准一致即可。

上述内容在投资策略和交易准则部分还有详细论述，这里不再赘述。

企业股票估值的其他方法

以下几种估值方法，虽然不建议投资人使用，但为了使投资人多一些估值方法进行比较分析，这里也进行介绍。投资人可以结合自己的投资实践见仁见智地取舍。

一、市销率估值法

市销率是股票每股价格与每股销售收入的比值。市销率估值法是将市销率作为股票价值标准的估值方法。应用这种方法，需要确定一个市销率的标准值，即市销率边际值。市销率的边际值大约为1倍，它表明购买一家企业的股票时，为每股销售收入支付同等的价格是买进股票的价格最高限。某一企业股票的实际市销率，如果低于市销率的边际值，为股票价值低估；高于边际值，为股票价值高估。

市销率与市盈率和市净率有所不同，它不是衡量股市整体估值水平的指标，而是对具体企业股票进行估值的指标，因为企业销售收入是评价企业运营能力的内容。因此，分析企业的市销率还包含对企业进行评价的内容。严格地讲，市销率不是股票估值常用的指标，而是企业价值评价指标和股票估值指标之间的转换指标。

1. 市销率估值的优点和缺点

市销率估值的优点是，它兼具企业价值评价和估值的双重功能。

第一，从企业价值评价角度看，企业的销售收入数据更加原始，反映在企业财务报表中比利润更具真实性。而且，即使个别公司可能会调整销售收入，调整程度也远小于对利润的调整。更为重要的是，企业稳定发展和利润增长的基础是企业的销售收入，因此，以销售收入评价企业更具可靠性。

第二，经济周期等影响因素的存在往往会导致一些企业利润产生较大的波动，企业股票的市盈率在相同股票价格下也会因利润的波动而变动较大。以较低估值买入的、准备长期持有的企业，可能由于其利润暂时减少导致市盈率上升，投资人难以坚持持有。有了市销率指标的帮助，投资人能够对所支付的股票价格中所包含的企业销售收入水平保持信心，进而能够平静地对待企业利润的波动而坚持长期投资的原则。

市销率估值法的缺点是，不同行业企业销售收入所能产生的利润水平差异较大，有的企业销售收入产生的利润收益较低，有的企业销售收入产生的利润水平较高。而且，这种差异不仅表现在不同行业的企业之间，也表现在同一行业的不同企业之间。市场竞争越激烈，企业销售收入所产生的利润收益就越低。例如，零售商是典型的主营业务利润较低的企业，对这些企业而言，市销率估值的适用性存在局限。

2. 市销率估值法的应用

第一，投资人在应用市销率估值法时，对不同企业的市销率边际值不必苛求一致。不同行业企业的市销率边际值需要根据该行业企业的平均销售利润率水平确定。

第二，市销率估值法主要用于利润波动较大企业的估值。也就是说，对那些利润波动较大不太适合用市盈率估值的企业，可以用市销率估值去替代。它表明，尽管一些企业的盈利常常波动，但如果企业经营正常并且购买企业股票时对其销售收入支付的价格不是很高，就意味着这类企业股票的估值水平不高。

二、内在价值估值法

内在价值是指股票未来收益现金流的折现值。内在价值估值法是将内在价值作为股票价值标准的估值方法。这种方法首先通过估计企业未来的现金流，以一定的折现率计算出企业在一定时间内现金流的折现值，然后与企业股价进行比较。股价低于现金流折现值的股票为低估，股价高于现金流折现值的股票为高估。

内在价值估值法认为：第一，购买股票的真正标准是未来收益现金流的折现值，因为只有能够转为现金流的价值才是投资人可以自由支配的价值，而使用一定的折现率折现，又消除了未来现金流的时间价值损失。第二，内在价值评估让投资人更关心企业的价值而不是价格。而且，能帮助投资人知道自己为什么愿意对某些企业的股票支付较高的现价，而对另一些企业只愿支付较低的现价。有时，宁愿购买市盈率 25 倍的股票而不情愿购买市盈率 20 倍的股票，是因为前者有更高的未来收益折现值。

1. 内在价值估值法的应用

内在价值估值法的应用分为三个步骤：计算预期投资期限内企业的未来现金流；选择合适的折现率；计算未来现金流的折现值。

步骤 1：计算预期投资期限内企业的未来现金流。现金流是指企业产生的收益在扣除了营业费用和再投资后的部分，又称为自由现金流。未来现金流是投资人在预期的投资期限（例如 20 年）内每年能收到的自由现金流总额。

从事投资研究和国际基金评级的美国晨星公司计算企业现金流的方法是，根据过去一段时期（例如10年）现金流的年均增长率（例如9%）和投资当年企业自有现金流的数量，计算未来预期投资期限内的现金流总额。

步骤2：选择合适的折现率。折现率是指将未来收益转变为现值的折扣率。例如，一个企业为激励员工，准备给员工每年多发一笔奖金，这笔奖金如果在年初发为9 000元，而年底发则为10 000元。员工想在年初拿到奖金，就要比年底折扣10%，这就类似于未来现金流的折现率。

折现率的确定主要考虑两项因素，即资金的时间价值和风险溢价。资金的时间价值以银行贷款年利率为准，目前中国银行贷款年利率平均为5.5%左右。风险溢价是指企业的规模、经营周期、财务杠杆，以及通货膨胀等因素带来的经营风险所要求的折现补偿，一般为3.5%左右。当然，经营风险高的企业应该有更高的风险溢价补偿。

步骤3：计算未来现金流的折现值。根据步骤2确定的折现率计算折现系数，用折现系数乘以步骤1计算出来的未来自由现金流总额，得到现金流折现值即企业股票的内在价值。

上述方法是计算未来现金流折现值的简便方法，复杂方法是按永续年金价值法计算内在价值，由于复杂且实用性较低，这里暂不介绍。

2. 关于内在价值估值法的两点说明

第一，内在价值估值法是从格雷厄姆就开始的价值投资人所主张的估值方法，但他们大多没有给出具体的估值方法。尽管晨星公司给出了类似上面所介绍的方法，但细心的读者一定会发现，这种方法中的自由现金流以及折现率的确定都渗透了很强的主观因素。因此，内在价值估值法与其说是一种估值方法，不如说是一种投资理念。投资人坚持这种理念，有助于在投资实践中培养计算企业自有现金流和折现率的能力。

第二，与投资人小心谨慎地使用内在价值估值法的做法相比，企业 IPO 做推介宣传或者上市公司再融资时，更愿意用带有强烈预期性的未来现金流做自我推介，其中隐含的不确定性和风险可想而知。本书介绍内在价值估值法，与其说是希望投资人使用这个方法，不如说是想通过这个方法的介绍，强调其中所包含的不确定性和潜在风险。

三、多指标估值法

多指标估值法是力求优化投资收益的一种方法。该方法试图通过对多个影响企业价值因素的综合评价，选出更有投资价值的上市公司构建投资组合。

1. 多指标估值法的逻辑

本书多处强调，如果评价企业时过多受到评价者主观因素的干扰，结果可能不理想。采用多指标对股票进行估值，可能更容易出现这样的问题。为此，此处给出的多指标估值法借鉴了目前人们比较公认的看法，采用的判断逻辑借鉴了价值投资所主张的评价企业投资价值的四项原则评价方法；对相关估值指标及结果的计算采用以往数据的统计结果，而不是像内在价值估值法那样使用预测数据。

（1）对企业投资价值内涵的再认识。

企业投资价值是指在企业获利能力的基础上，投资人投资企业股票获得利润和利得收益的水平。企业投资价值包括两方面的含义：一是企业价值，是指有盈利能力的净资产，可以用企业净资产盈利水平等指标来衡量，企业价值高的企业可以简称为好企业；二是股票投资价值，是指投资人投资有企业价值的股票可能获得资产增值和利得的收益水平。对一家企业而言，有资产及较好的盈利水平、价格又相对较低才有投资价值。

然而，任何企业都难免由好变坏甚至倒闭清算，因此，上市公司的投资价值最终体现在以低估值标准构建的投资组合上。

（2）多指标估值法评价投资价值的标准。

为了便于投资人根据评价原则来量化计算企业的投资价值，同时，由于评价原则本身也具有被量化的可能，这里借鉴选择了价值投资所使用的四项原则评价法，即以企业原则、管理原则、财务原则和价格原则为标准评价上市公司的投资价值。企业原则是从企业经营历史等角度对企业进行评价；管理原则是从企业管理以及决策者角度评价企业；财务原则是从企业经营的财务结果角度评价企业；

价格原则是从股票价格角度评价投资价值。前三项原则主要用来评价企业优劣，后一项原则用来评价投资价值。

企业原则：这项原则反映了投资股票是投资好企业的理念，而这项原则的具体内容也是普通投资人能够理解的常识。主要内容包括企业是否简单且易于了解；企业是否有稳定的经营史；企业是否能够持续以往的经营。企业简单且易于了解，并非是从企业产品技术或服务技术等专业知识难易的角度判断，而应该是从企业产品和服务能否被消费者理解的角度来判断；有稳定的经营史，才容易判断企业具备核心竞争能力；企业坚持以往的经营，核心竞争力的保持才具有稳定性。

按照企业原则，企业的经营历史以及由此形成的品牌价值、主营收入、市场或细分市场的占有率等指标是重要的。

管理原则：核心内容是管理者能对自己有正确的评价和定位，能够对投资人负责，并且行为理性。主要内容包括管理层是否理性经营；团队是否稳定；公司对投资人是否有真金白银的回报；管理层在市场上是否有良好的口碑等。

这些内容反映了公司具备良好治理结构的根本要求。按照管理原则，经营层的职业经历、企业的分红派现等指标是重要的。

财务原则：财务原则要求，企业不仅以往的盈利能力较高，而且要有持续的盈利能力；不仅存量资产有较好的盈利能力，留存利润也同样要有较好的盈利能力。主要内容包括企业注重权益回报而不是每股收益，企业财务风险低，负债率低，对外担保少，偿债能力强，公司的留存利润要创造市场价值。

权益回报是指企业留存收益的盈利水平，强调权益回报的意义在于，企业盈利的提高仅仅靠收益留存实现还不够，留存收益还须有持续盈利的水平。

按照财务原则，衡量企业价值需要使用较多的财务指标，包括负债率、偿债能力、净资产收益率、盈利增长情况。通常，对外担保额占净资产的比率等也能用来作为评价企业价值的指标。

价格原则：它是企业投资价值的最后衡量原则，反映价格原则的指标包括未来收益现金流折现值、市净率以及市盈率等。通常最简洁的指标是市盈率和市净率。由于上市公司有调整企业利润的习惯，甚至时有财务造假的事件发生，市净率以及市盈率的有效性常常遭到质疑，但本书多处使用的统计结果表明，市净率以及市盈率作为评价企业投资价值的价格原则指标是有效的。

前三项原则是企业价值的评价原则，符合三项原则要求的企业具有企业价值。在此基础上，符合价格原则要求的股票，即折价购买才具有投资价值。在企业价值一定的条件下，股价越低的股票，越具有投资价值。

投资人在具体评价过程中会发现，管理原则的运用难度最大，管理原则是针对企业管理者的评价，而管理者的行为具有一定的不确定性，一些过去表现良好的管理者是否能保持以往的管理能力和管理成绩也有一定的不确定性。所以运用管理原则评价企业投资价值时需格外慎重，特别要关注企业盈利及企业对投资人派现这一真金白银的回报。

为了用好管理原则，投资人应该特别关注运用管理原则的特殊情况，即应该特别关注那些“傻瓜也能管好的企业”。有些企业管理者的作用并不那么重要，这类企业一般是行政性垄断、占有资源优势或消费渠道垄断的企业，如石油、城市自来水企业。这些企业即使选择了平庸的管理者，由于资源及其产品价格的垄断性，仍能维持较稳定的利润水平。更何况，任何组织也不会长期容忍庸人占据重要的位置，垄断企业也不会长期使用无能的管理者。与竞争类企业相比，靠垄断优势，这类企业不会因为使用了较差的管理者而导致企业倒闭，通常能够在更换较好的管理者之前从容维持其稳定的经营局面。

运用这些原则寻找有投资价值的好企业时，既可以在较小的范围内选择，也可以在较大的范围内选择，前者可考虑在一些特定类型的指数中选择，后者则可以将全部上市企业作为评估对象进行筛选。

2. 多指标估值法的算法

多指标估值法的算法就是将上述评价企业投资价值的原则及相关因素以数量化的结果表达出来。

其算法原理是，将评价企业优劣所使用的量纲不同的评价指标转化为同一量纲评价指标。这个同一量纲指标就是能反映投资超出平均收益水平的投资胜算概率值 P。构建投资组合时，可以根据不同企业 P 值的实际结果，参照公式 $X=2P-1$ 进行具体配置。

表面上看，求 P 值比较烦琐，实际上简单易行。这个方法在教学过程中被反复介绍。不过，这个方法是力求优化投资收益所采用的方法，使用者如果感到困难或者实际使用过程中并不能达到期望结果，可以弃之不用，仍然采用市净率和市盈率这样在统计上实用而又简单的方法。

多指标估值法的算法包括三项内容：

内容一：制作一张企业相对投资价值估值评分表，其步骤如下。

步骤 1：选择评价企业投资价值的要素和相关指标。

如表 3—2 所示，表的左端由上至下纵向列出了评价企业投资价值的四项原则，即企业原则、管理原则、财务原则和价格原则。将四项原则衡量企业投资价值概率值的总分值设为 100%，财务原则所占权重为 40%，其他各项原则所占权重各为 20%。

表 3—2　企业相对投资价值估值评分表

企业评价指标 \ 投资胜算概率值 P（%）		50	65	80	95	被评价企业实际得分
企业原则（权重 20%）	企业主营业务经营年限（年）	3	4	6	>8	
	企业产品或服务市场占有率（%）	3	5	10	>15	
	企业营业利润占利润总额的比例（%）	50	60	75	>90	
	企业品牌或资源特性（优越或垄断程度）	一般	较好	好	优秀	

续前表

企业评价指标 \ 投资胜算概率值 P（%）		50	65	80	95	被评价企业实际得分
管理原则（权重 20%）	企业支配人以及管理团队任职时间（年）	3	4	6	＞8	
	企业现金分红情况（按购买价格计算，%）	2	3	4	＞5	
	企业支配人以及管理团队从业记录和获得的专业评价	一般	较好	好	优秀	
财务原则（权重 40%）	资本结构：负债率（%）	50	45	40	35	
	偿债能力：流动比率和速动比率	一般	较好	好	优秀	
	净资产收益率（%）	6	8	12	16	
	利润增长率（%）	0	10	20	＞30	
	关联交易比率（%）	40	30	20	＜10	
	经营能力（营运能力）由存货周转率、应收账款周转率、资本周转率等相关财务指标确定	一般	较好	好	优秀	
	企业担保情况	一般	较少	少	很少	
	企业无形资产占净资产比例	12	9	6	＜3	
价格原则（权重 20%）	市净率	＞2	2	1.5	≤1	
	市盈率	＞20	20	15	≤10	
合计						

步骤 2：在每项原则下，选取能够反映该项原则要求又有可能计算出具体数值的若干项评价指标，其中，企业原则的评价指标为 4 项，管理原则的评价指标为 3 项，价格原则的评价指标为 2 项，财务原则的评价指标最多，一共有 8 项。

步骤3：表的上端由左至右排列出企业投资价值可能的得分分值标准，从50分边际值到最高得分95分。50分代表企业的投资价值概率值为50分，得分在50分以下的企业不具备投资价值。分值越高，企业越有投资价值。实际上，各个企业投资价值的分值应为连续值。出于操作方便的考虑，表中仅列出了4个分值，而且，考虑到投资单个企业有一定的投资风险，将投资价值最高分值标准设定为95分。

步骤4：表的中间部分是各项指标在评价企业投资价值时的得分标准。例如，在企业原则中，企业主营业务经营年限这一项投资胜算概率值为65%，80%和95%的经营年限，分别为4年、6年和8年以上。又如，在财务原则中，净资产收益率这一项投资胜算概率值为65%，80%和95%的净资产收益率水平，分别为8%，12%和16%。这些标准是根据以往统计检验的结果确定的。

内容二：使用评分表给企业打分。

投资人可以对照这张表格给出的标准，结合企业的实际，由上至下逐项给企业的各个指标打分，并将结果列在表的右端对应的空格内。全部空格填满后，先按算术平均数计算法计算每项原则的各自得分，再按照各项原则所占的权重，计算企业投资胜算概率的最终得分，即求出企业股票投资胜算概率值 P。

$$
\begin{aligned}
P &= P_1 + P_2 + P_3 + P_4 \\
&= 20\%\overline{P}_1 + 20\%\overline{P}_2 + 40\%\overline{P}_3 + 20\%\overline{P}_4
\end{aligned}
$$

内容三：利用评分结果确定备选投资企业。

对照表格所列标准计算出企业投资价值的实际得分概率值 P 之后，按照由高到低的顺序，选择得分靠前的若干家企业作为投资备选企业，并列在通常称为“股票池”的备选股票名单中。由于股票价格经常波动，并会因此改变股票市净率和市盈率的高低以及相应的估值结果，因此，对“股票池”中的股票排序应经常进行调整，必要时还要进行更新。具体实施投资策略和交易法则时，可根据“股票池”中的股票排序优选企业。

刚开始使用这种方法时，投资人可能会觉得比较烦琐，但是，习惯以后就会发现其实还是比较简便的。而且，借助于网络平台，可以随时完善评价标准和更新企业投资价值得分，这有助于提高对企业投资价值估值的准确性，且便于投资人的实际操作。

为防止机械使用该估值评价表造成投资失误，对使用该表做出如下说明。

第一，企业财务指标列示有限，在财务方面有专长者最好多做一些财务指标分析，或专门分析财务指标，并求出财务指标估值的概率值得分，然后再用加权平均法求出企业各项原则下的估值概率值结果。

第二，对企业价值进行肯定评价时，需要多指标，但对企业价值做否定评价时，只需少数指标即可，比如负债率过高、对外担保资金占净资产比例过高、应收账款比例过高、盈利波动较大、净资产收益过低，等等。在关键指标上表现差的企业不具有投资价值，对这样的企业不必再做概率值估值评价。

第三，在对沪深股市上市企业投资价值的实证检验中发现，表中所列指标中有的指标之间存在“共线性”问题，即以不同指标作为投资标准投资，投资收益基本相同。指标的“共线性”无疑降低了指标的效率，使用者对此需谨慎辨别。

第四，表格中所列数据并不适用于所有行业，使用时需根据统计结果进行适当的调整。比如，国际钢铁行业股票市盈率长期保持在 10 倍左右的水平，所以钢铁行业股票市盈率为 10 倍时，标准分值为及格水平，投资胜算概率值为 65％。

第五，需要提醒读者注意的是，尽管上述方法的内容比较详细、具体，相关指标的具体数据根据沪深股市实证检验得出，但仍然建议，投资人在使用上述评分表时，应根据股市的实际变化以及自己的投资实践，对相关指标及其数据重新验证，保证自己在使用这些指标以及所确定的标准时更有依据和信心。笔者本人以往使用该评分表时，目前表中投资胜算概率值 65％，80％、95％所对应的三个数据分别为 60％，75％和 95％，现在出于市场平均估值水平稍有下移的实际进行了调整。目前，大多数应用软件对表中所列举的大部分指标的数据作了程序化处理。相关指标数据、包括以时间为标准的纵向序列数据，都可以在相关应用软件上自动搜寻到，使得投资人容易对表中所列出的标准重新进行检验和订正。

最后，还有一点重要的提示，投资人在使用多指标估值法的实践过程中可能发现，该方法没什么太大作用，也就是使用多指标估值法未能比使用市净率估值法、市盈率估值法有更好的收益，但投资人不用担心，至少它没什么太大的负面效应。笔者正是在花工夫算出企业内在价值以及使用多项指标估值的实践中，渐渐明白了“大道至简”的道理，从这个意义上讲，做些无用功也许不是无用的吧。

第四章/*Chapter Four*

大数投资的投资策略

投资策略是实施投资行动的方略，是体现组合投资、低估值投资和长期投资原则的方略。投资策略既是一种操作方案，也是一种操作方案的思路和标准。

对于构建投资组合的原则而言，投资策略是一种操作方案，即按照概率抽样方法和估值原则构建投资组合以及调整投资组合的实施方案。构建投资组合要达到的具体目标有两个，一是按照概率抽样方法选择样本企业构建拟合全部上市公司的投资组合；二是构建投资组合需符合合理估值及低估值要求。制定投资策略就是设计将这两项内容结合起来构建投资组合的方案。投资策略既要给出资金配置于个别企业的具体操作方法，也要给出通过个别企业资金配置构建投资组合的整体方案。

对于构建组合和调整组合的具体交易而言，投资策略是一种操作思路和操作标准。交易是投资实际进行的最终体现，交易依据交易准则和具体的交易方案进行操作，制定交易方案的原则是交易准则，而交易方案的具体标准主要来源于投资策略等。

大数投资所采用的两大基本投资策略是绝对胜算投资策略和逆向投资策略；此外，大数投资还有一些可供参考选择的辅助投资策略，包括跟踪指数基金投资策略以及变危机为机会的投资策略等。基本投资策略与辅助投资策略并非针对不同的投资内容而言，而是以不同的思路对同样的投资方案进行表述。基本投资策略中的两项投资策略，即绝对胜算投资策略和逆向投资策略，也不是两项相互独立的投资策略，而是从不同角度对投资方案进行的表述。

大数投资的基本投资策略

大数投资的基本投资策略包括绝对胜算投资策略和逆向投资策略。

一、绝对胜算投资策略

按照分层抽样构建投资组合的方法，全部投资资金均衡配置于30个以上的行业，每个行业所配置资金占比一般不超过3%，某个行业企业估值达到平均估值水平以下即可配置，那么该行业同时有多家企业达到合理估值水平，具体选择哪一家企业呢？一般均衡配置于一个行业3%的资金是一次性配置还是多次配置呢？绝对胜算投资策略所要解决的就是此类问题。

1. 绝对胜算投资策略的操作模型

绝对胜算投资策略是指将资金实际配置于企业时按照投资绝对胜算概率值确定投资比例。绝对胜算投资策略量化为下列公式：

$$X=2P-1$$

式中，P 是投资某家企业的胜算概率，X 是相应的绝对胜算概率。绝对胜算概率等于胜算概率减去不可胜算概率，绝对胜算概率值就是实际购买某家企业所投入资金占计划投资资金的比例。

2. 绝对胜算投资策略的逻辑

绝对胜算投资策略是提高投资收益的优化投资策略，提出了更加严格的资金配置约束条件。上述公式表明，虽然实际配置于企业的资金比例仍按投资胜算概率值确定，但却小于投资胜算概率值，是扣除失算概率的胜算概率值。

投资胜算概率值 P 是所投资企业股票的间接估值指标，可以通过其他估值指标如市净率和市盈率等单项指标换算，也可根据股票估值算法中的多项因素估值算法计算。P 值与市净率或市盈率的换算关系是，P 值与市净率或市盈率成反比，市净率或市盈率越高，投资胜算概率越低；反过来，市净率或市盈率越低，投资胜算概率越高。

3. 绝对胜算投资策略相关参数的确定

绝对胜算投资策略，在科学确定公式相关参数指标具体数量标准的基础上实际应用，具体可分为两个步骤：

第一步，根据其他估值指标确定投资胜算概率值及相应配置的比例标准。

表 4—1 是以市净率和市盈率估值指标确定的胜算概率值以及投资方案，投资人可参照表中内容确定具体的投资方案并进行操作。

表 4—1　不同市净率和市盈率估值指标所对应的胜算概率值及配置比例

估值及胜算概率值 / 投资策略投资比例 X（%）	PB	PE	P（%）
不投资	＞2	＞20	≤50
30	2	20	65
60	1.5	15	80
90	1	10	95
100	＜1	＜10	100

根据表 4—1 给出的结果，企业市净率为 2 倍、1.5 倍和 1 倍时，或者市盈率为 20 倍、15 倍和 10 倍时，投资胜算概率分别为 65%，80%和 95%，投资绝对胜算概率值分别为 30%，60%和 90%，相应地实际配置于企业的资金占计划投资该企业资金的比重分别为 30%，60%和 90%。市净率大于 2 倍或市盈率大于 20 倍时，胜算概率小于等于 50%，暂不选择配置；市净率低于 1 倍或市盈率低于 10 倍时，胜算概率及绝对胜算概率为 100%，配置于企业资金的实际比例可达 100%。

第二步，根据上述标准在不同估值水平下购买不同企业相应比例的股票构建投资组合。绝对胜算投资策略可解决以下问题：一是购买个别企业的资金数额以及比例怎样确定；二是分配于不同行业的资金在行业内如何分配到不同企业；三是实际投资于投资组合的资金占投资余额的比例大约是多少。

以 90 万元按照分层抽样法分配到 30 个行业为例，每个行业所用资金占投资资金余额不超过 3%，即大约为 3 万元。如果每个行业只选择一家企业，那么每家企业所配置的资金大约为 3 万元。在这种情况下，按照第一步所确定的绝对胜算概率可以将资金进行相应配置构建投资组合。例如，某行业所选企业，将分别在市净率 2 倍时配置 30%，大约 1 万元；市净率下降到 1.5 倍时配置 60%，大约 2 万元；市净率下降到 1 倍及以下时，配置 90%甚至 100%。此时计划配置的大约 3 万元资金全部配置完毕。

每个行业可以选择一家企业，也可以选择多家企业。如果实际配置时不同行业选择了多家企业，那么绝对胜算投资策略如何应用呢？这时，只要同时遵循每个行业资金均衡配置规则即可，也就是以行业资金均衡配置的绝对额与绝对胜算概率所确定的投资比例结合即可。

以上述例子中的数据，当某一行业有多家企业的估值达到 2 倍市净率的水平时，可以同时配置这些企业，但这种估值水平的绝对胜算概率值为 30%，配置多家企业所使用的全部资金占比在 30%比例所确定的范围内，即大约 1 万元；当该行业有企业估值达到市净率 1.5 倍时，不管是一家还是多家，实际配置的全部资金占比达到 60%，大约 2 万元；当该行业有企业估值达到 1 倍及以下时，不管是一家还是多家，实际配置的全部资金占比达到 90%甚至 100%。此时才使用完计划配置于该行业不超过 3%大约 3 万元的资金。

在以分层抽样法选择投资组合样本企业的前提下，按照绝对胜算投资策略构建投资组合，实际配置比例是由估值水平决定的。只有较低的估值才有较高比例的配置，这样所构建的投资组合即使不进一步通过交易调整优化，投资成本也低于市场平均成本。按照绝对胜算投资策略购买股票构建投资组合，从投资的起点就能保证采用大数投资方法获得超过平均收益的较高收益。

由于很难出现所有行业的企业估值同时降到可以高比例配置资金的低水平，总有一些计划均衡配置于某些行业的资金闲置，投资组合所用资金不能同时用完所有投资资金，投资的整体表现是投资组合占用一部分资金，还有一部分资金以现金形式存在。估值越低，投资组合占用资金的比例越高；反之则相反。不必担心因此降低总体投资收益。由于在较高估值时保留了现金，不但在估值下跌过程中避免了投资损失，而且在低估值时具备低成本投资的能力，这样做，总体上能够提高而不是降低投资收益，这种策略也为通过交易降低投资成本提供了良好条件。

为了使投资人更有信心运用绝对胜算投资策略进行实际投资，下面做进一步的说明。

第一，需要指出，表 4—1 所给出的对应于不同估值的胜算概率的具体数值不是理论上的逻辑数值，而是根据沪深股市长期运行回溯的实证结果。投资人也可按照同样的思路，根据上市公司盈利水平以及市场估值水平变化的实际，通过不断回溯检验对参数进行适当修正。

第二，绝对胜算投资策略尽管给出了 $X=2P-1$ 的操作模型以及回溯出相应的参数结果，但是投资人不必拘泥于此，可以在此基础上选择更为简单的操作。投资人只要遵守估值越低配置比例越高的原则，将一个行业预定配置的3%的投资资金，在2倍市净率到1倍市净率之间均衡配置即可。这种配置可以是等金额配置，也可以是等股数配置。例如，计划配置到某行业企业的资金是3万元，该企业市净率为2倍时股票价格是每股10元，那么市净率为1倍时股价是5元。如果市净率为2倍时买进1 000股，所用资金为1万元，之后如果价格每下跌20%同样配置1 000股，即价格次第下跌到每股8元、每股6.4元、每股约5.1元至市净率为1倍时，可以将3万元资金配置完毕。这样按固定的下跌幅度，每次以与第一次相同的固定数量配置操作，方法更为简单。相关操作内容还可参照交易准则中降低成本法则的内容。

第三，运用绝对胜算投资策略进行组合配置，不必局限于在一个固定的时间把组合配置起来，应根据整个市场以及不同行业估值的实际情况进行具体操作。在整个市场估值合理时，再根据估值越低配置比例越高的原则进行配置，哪个行业企业估值水平率先达到市净率1倍的水平，哪个行业的企业就率先配置完。

第四，在同一行业内，同时出现估值水平相同的大企业和中小企业，要优先配置中小企业。这并非由于中小企业股票更容易被市场推高，也不是由于中小企业盈利能力高于大企业，其根本原因是中小企业再融资所产生的外生价值远高于大企业。从企业财务原理上解释，不以个别企业的比较为基准而以整体表现为基准，大企业与中小企业的净资产收益水平大体相当，但由于中小上市公司有较高的外生价值，它与内生价值复合而成的净资产增长水平较高。

二、逆向投资策略

逆向投资策略是对价格及其估值变动的反向操作，而不是对其他投资人投资行为的反向操作。

股票价格除了其价值之外，还受其他各种因素的影响，特别是股市的短期价格波动甚至完全与企业价值无关。正因为如此，价格波动为通过逆向投资降低投资成本创造了条件，也为提高投资收益奠定了基础。

绝对胜算投资策略的基本逻辑是，估值越低，投资胜算概率及绝对胜算概率越高，个别企业以及整个投资组合配置的比例也越高，这点与逆向投资的逻辑是相同的。也可以说，绝对胜算投资策略也是逆向投资策略的具体体现。这里将逆向投资作为单独投资策略讨论，一是旨在从内容上补充绝对胜算投资策略中没有涉及的如何减少配置操作的策略；二是旨在从思维方法上讨论，价格变动形成逆向投资机会时哪些因素干扰这一策略的实施，并提出排除干扰的参考意见。

1. 逆向投资策略的含义

逆向投资是在合理估值基础上所采取的与价格涨跌方向相反买卖股票的投资策略，即价格上涨卖出股票，价格下跌买进股票。估值是确定逆向操作方向以及增减数量的基准，一般以合理估值水平作为逆向操作的分界点。在合理估值水平基础上，价格上涨时减少配置，价格下跌时增加配置。无疑，对个别企业进行逆向配置应依据估值标准和企业估值的实际结果进行，但也应适当参考整个市场的估值水平。整个市场严重高估时，即使有低估值的个别企业，也要尽量避免再增加配置。

2. 逆向投资策略的基本逻辑

逆向投资策略的基本逻辑是，通过下跌过程中增加股票的买进数量和上涨时部分卖出股票，能够降低个别企业的投资成本。通过降低个别企业的投资成本降低整个投资组合的投资成本，最终提升长期投资收益。

以“投资”的理念投资上市公司，购买股票只是投资的形式而已，本质是购买了以盈利为目标的具有实在意义的净资产。投资上市公司与直接投资企业有所不同的是，通过股票购买上市公司，是以高于净资产的“溢价成本”股票价格作为投资成本的，溢价程度可以用市净率等估值指标衡量。越是以低市净率下的价格购买股票，投资成本越低。需要说明的是，尽管事后可以从股市波动的实际情况计算出最低的估值结果，但对需要事先作出的投资决策，后知后觉的最低估值是没有参考意义的，所以一般选择长期的平均估值作为购买股票、配置企业的基点，但平均估值仍然意味着投资上市公司的价格成本是溢价的。逆向投资策略为降低溢价水平提供了有效的方法，逆向操作可以达到以“平价”或者更低成本投资上市公司的目的。

逆向投资策略包含了绝对胜算投资策略的逻辑，但比绝对胜算投资策略所涉及的内涵广泛，包含了股价上涨时通过部分卖出的逆向操作降低投资成本的内容。在合理估值前提下配置企业以后，如果市场价格持续下跌，估值持续降低，投资人本着估值越低越买的原则可以不断加大配置比例。相反，在估值合理的前提下配置企业以后，如果市场价格持续上升达到高估水平时，则可减少配置比例。减少配置比例的做法并非简单地将高估的企业的股票完全卖出，而是结合降低投资成本的考虑将高估企业的股票卖出一部分，使持有该部分股票的投资成本降低。

3. 逆向投资的最佳机会

以估值作为衡量基准，不难判断什么时候有逆向投资机会。合理估值水平是逆向操作的边际值，在边际值之下随价格逐步下跌不断买进，在边际值之上随价格上涨部分卖出，是逆向操作的基本策略。除了以估值直接衡量的机会之外，其他可观察到的重大事件或事实也可作为判断逆向投资机会的参考。

第一，恐慌和危机是逆向投资的好机会。2008 年，以美国次贷危机为起点，发生了全球性的金融危机，中国金融以及经济也受到波及和影响，股市更是从 2007 年的历史高点急速跌落至低点，沪市综指由 2007 年 10 月 16 日的 6 124.04 点跌到 2008 年 10 月 28 日的 1 664.93 点，跌幅超过 70%。而短短的 10 个月后，2009 年 8 月 4 日，股指再次上涨到 3 478.01 点，比 2008 年的最低点上涨了一倍多，之后经过中间的起起伏伏，沪市综指在 2012 年年底、2013 年年中分别创出 1 900 点以下的新低，在 2014 年 7 月以前也持续在 2 000 点徘徊。仅从股指涨跌方向以及涨跌幅度看，投资人完全无所适从，但从股指涨跌后的估值水平评价，投资人却能凭借以估值为基准的逆向投资自如应对。也就是说，投资人不能也无须预测价格，但通过价格波动后的估值判断能够将危机化作逆向投资的好机会。即使没有什么特别的危机事件，只要价格变动能带来估值的较大变化，就会带来逆向投资的好机会。

2007 年 10 月股指最高时，沪深两市市净率接近 8 倍的水平，而 2008 年 10 月当年股指最低时沪深市净率降到 1.8 倍左右，2009 年股指较高时市净率又超过 3 倍。之后的 2012 年年底和 2013 年年中以及 2014 年 7 月之前持续的 2 000 点附近的股指水平相对应的估值分别处于与之前的历史地位相比几近新低的水平，特别是 2014 年 7 月之前沪深股市的估值多次处于历史最低水平，例如沪市处于市净率 1.3 倍左右低位。回顾一下，投资人根据估值标准不难进行逆向投资策略的具体操作。

第二，市场估值的结构性变化带来逆向投资的好机会。市场估值的结构性变化是指一些企业估值降到较低水平，带来加大投资配置的逆向投资机会。基于上市中小企业能够为长期投资者带来较高的外生价值，强调在投资组合中配置较高比例的中小企业，但中小企业估值降到较低水平往往是在市场估值结构性变化时出现。

2005 年 6 月、2008 年 10 月以及 2012 年和 2013 年较长的时期内，沪深市场整体估值分别下降到较低水平，市净率都降到了 1.8 倍以下，同时都有一批中小企业估值水平也降到 1 倍左右的较低水平，事后证明，当时投资这些低估值的中小企业，投资回报远高于市场平均水平。所以逆向投资要注意抓住市场估值变动时中小企业估值水平较低的机会。

市场估值的结构性变化所带来的逆向投资机会也出现在大企业上。2009 年年底以后沪深股市起起伏伏下跌，2014 年 7 月后又大幅上升，期间在股指下跌过程中，出现了大企业估值水平严重低估的变化，一大批有较高利润率的不同行业的大企业的估值下降到了市净率 1 倍以下、市盈率几倍的水平，而接下来至 2014 年年底股市上涨过程中这些低估值大企业远远超过市场表现的事实反复证明逆向投资策略的百试不爽。当然这些低估值大企业的表现也证明了下面要谈到的道理。

第三，股票长期低估为构建投资组合提供了更加便利的机会。这可以从个股的长期低估和整个市场的长期低估两个方面来分析。

就个股而言，直观观察，长期低估值股票是估值水平较低而且股价在最近一个较长时期内处于相对低位的股票，本书把它称为“真正低估”的股票。选择这些企业构建投资组合是逆向投资的最佳操作，这种操作的结果往往因个别企业股票的配置而将投资组合收益的平均水平提高较多。

约翰·邓普顿认为，普通投资者和伟大投资者之间的区别，不在于他是不是一个天才的选股高手，而在于他是否买下其他人不要的股票。在70多年取得世人公认成绩的投资生涯中，邓普顿以购买低价股投资而著称。

人们会根据种种已经发生的现象，或基于预测判断某些企业不够良好，例如没有成长性等，使得这些企业股票价格低迷，而股票价格低迷又强化了人们对自己判断的坚持，这使得一些企业股票的估值以及价格长期低迷，而本书所作的统计结果证明，恰恰是这些股票的投资组合能够带来更高的投资收益。

就整体市场而言，长期低估值带来了从容完成投资组合整体配置以及在市场波动中还有机会调整投资组合的绝佳机会。市场的长期低估还容易催生前面所谈到的“真正低估”的企业。笔者在20年的投资实践中对此有切肤之感，在2012年年初出版的《大数投资》一书后记中督促大家在当时市场持续低估值的时候积极主动投资，乃因看到了绝好投资机会来临的缘故。

大数投资的辅助投资策略

作为大数投资基本投资策略的绝对胜算投资策略和逆向投资策略都是以投资成本为标准确定的投资策略，如果将投资策略所依据标准的范围再扩大一些，还可以总结出另外一些辅助的投资策略。

投资人可以将辅助投资策略作为基本投资策略的补充，或者作为参考性的策略。这些辅助投资策略有的仅仅是出于拓展构建投资组合时选择企业的思路而提出的，所以辅助投资策略与其说是更广的投资策略，不如说是理解基本投资策略可以借鉴的内容。例如接下来的内容中用较大篇幅讨论投资指数基金策略，假如投资人对此真的那么有耐心加以研读，自己完全可以按逆向投资策略和绝对胜算投资策略构建投资组合，相关内容作为参考。

一、投资指数基金策略

投资指数基金策略就是用投资指数基金替代构建投资组合的策略。投资指数基金策略，被伯顿·麦基尔称为“傻瓜投资法策略”，意思是说该方法简单而又有效。将投资指数基金作为替代构建投资组合的投资策略，需要对传统投资指数基金的方法做一点修正，即引入估值指标作为投资指数基金的约束条件，在市场估值水平合理或更低时投资指数基金。投资指数基金需要注意下列事项：

1. 选好可供作为投资对象的指数基金

选择指数基金可以采取两种方法：一种方法是先优选指数，再比较投资该指数的基金并从中优选；另一种方法是，直接将不同的指数基金的业绩进行比较并从中优选。随着指数基金品种和数量的增加，投资人也可以到有关基金网站查询基金排名，直接选择指数基金。基于目前中国指数基金的历史较短和指数基金品种较少的实际，投资指数基金可以采用先选指数后选指数基金的方法，具体操作如下：

第一，选择表现优良的指数。股票市场指数的类型很多，相应地，可供选择的指数类型也很多。仅上海证券交易所发布的指数就有样本股指数（如上证 180 指数和上证 50 指数），综合指数（如上证综指和上证新综指），分类指数（如工业指数、商业指数、地产指数），其他指数（如沪深 300 指数、中证 100 指数）。深圳证券交易所也发布有多种指数，各证券公司和一些新闻机构也发布有不同的指数。投资人对此要有一个基本的了解，只要上网登录相关网站（如上交所、深交所、中国证监会的网站），就会发现，相关机构均有关于指数内容的信息发布，优选指数可以从这些相关的信息中寻找。

优选指数的标准是，该指数的长期上涨幅度高于其他指数的平均上涨幅度，而且波动幅度较小。构成指数的股票市值占所有上市公司市值的比例越高，指数基金就越容易将其作为投资标的。为了简便起见，可以选定综合指数作为确定哪些指数为优选指数的标准。

第二，优选指数基金。甄选出合适的指数以后，再评价投资该指数的指数基金的表现。如果投资于同一指数的基金不止一家，就比较容易确定究竟哪只指数基金表现良好。指数基金表现良好的衡量标准是基金净值的变化趋势与指数变化的拟合程度，拟合度越高的指数基金表现越好。如果投资人选出的优良指数有多个，那么，可以通过比较投资于不同指数的基金的表现，来选择表现良好的指数基金。需要指出的是，在比较基金跟踪指数的投资表现后，还要查看基金的收费高低。基金收费包括认购费、管理费以及赎回费等，在基金的表现基本相当时，收费低的基金就是好基金。

2. 以指数基金的组合方式投资指数基金

以指数基金的组合方式投资指数基金，也就是说，不只投资一只指数基金，而是购买几只指数基金进行组合投资。

股票指数的特性是，指数所选的样本股越多，指数的长期表现就越接近于股市的整体表现。短期表现良好的指数往往是样本股少的指数，或分类指数，但这些指数长期是否一定优越，还存在一定的不确定性。因此，投资于跟踪这类指数的基金长期是否一定收益可观，也同样具有不确定性。但是，同时投资几只指数基金的组合，就可以平衡和弥补个别指数基金由好转差的损失。

3. 留意新的指数及相关指数基金的表现

标准普尔500指数包含了美国最大公司中的500家，其市值大约为美国所有股票市值的70%，该指数自1926年创立以来表现良好。1975年，由约翰·鲍格尔创立的投资该指数的基金，以及后来投资该指数的富达基金均表现良好。标准普尔500指数是从全美国7 000多只股票中优选出来的，受它的启发，从标准普尔500指数股票中再优选股票创立的新指数和新指数基金也出现了。正如杰里米·西格尔的统计结果所表明的，以低估值为基准所做的优选的组合有更好的表现。金融行业的特点是创新异常活跃，新的指数产品的创设也一样。任何市场性的金融产品都可以设计成相应的指数，这就意味着，发现新的可以投资的指数以及指数基金，可以拓展投资品种，扩大投资范围。对此，投资人不必担心产品种类繁多可能带来的评价复杂的问题，因为评价的原则是基本的，而且所需信息大多可以在有关基金的网站获得。

4. 坚持在市场估值水平较低时投资

在整个股市价格较低时购买指数基金，是投资人应该牢记的原则。购买好企业的股票要等到其价值被低估，即价格相对较低时购买，买指数基金也要像投资股票一样，要在市场整体低估值时买入，这样才能实现长期有良好收益的投资目标。

二、跟踪指数投资策略

跟踪指数投资策略是指在指数股票中选择样本企业构建投资组合的方法。跟踪指数投资策略的基本做法如下：

1. 确定适合投资参照的指数

寻找合适的指数，可类比投资指数基金的方法，既可以通过比较指数的表现直接选择指数，也可以通过比较指数基金的表现选择合适的指数作为选择股票的标的指数。需要注意的是，选择指数时，应重视指数设立时间长短这个标准。那些设立时间比较长又有良好表现的指数是可以优先选择的指数。如果投资人能够多投入一些时间和精力做研究，则可以根据指数设立的原因进行判断。例如，某一种指数是根据另外一种长期表现良好的指数优化选择设立的，并有良好的市场表现，选择指数时不妨将其作为投资的参考指数。

2. 在构成指数的股票中选择企业样本时采用合适的评价指标

虽然参考某一类指数的市场表现再从中选择企业构建投资组合的做法，要么是出于简便的需要，要么是出于优化投资组合的考虑，但是像企业盈利水平等反映企业优劣的常规指标，以及市净率或市盈率等估值指标仍然是选择样本企业的参考基准。杰里米·西格尔在评价标准普尔 500 指数股票的结构性表现时，主要使用市盈率、股息率（派现比率）和资本支出比率等指标进行统计检验，依据这些指标能够从指数股票中选出优化的投资组合。

股息率是股东投资获得利润分配水平的指标，也是检验企业管理能力的指标，因为只有那些管理良好、盈利能力较强又拥有真金白银的企业才有分配能力，因此，以此为依据可以在指数构成股票中选出好股票。至于市净率、市盈率指标的有效性，本书已经反复论述，这里不再赘述。美国投资基金经理乔尔·格林布拉特提出了一个“神奇公式”的指标，即将投资回报率（买入股票一年后的回报水平）排名和投资收益率（每股盈利/每股购买价格）排名的算术平均值作为选股的评价基准，并以实证研究结果得出该评价标准在大部分情况下有效的结论。乔尔·格林布拉特选择了在美国股市上市的 3 500 家大公司的名单，然后分别按照投资回报率和投资收益率将公司表现排名。例如，甲公司投资回报率排名为 100 位，投资收益率排名在 30 位，用“神奇公式”计算，甲公司的“神奇公式”排名为（100＋30）/2＝65（位）。他的实证结果表明，在“神奇公式”排名中越是靠前的公司投资组合的收益越高。不言而喻，如果某一公司的两项指标都表现优异，那么，这样的企业无疑是优秀的。但有时往往是此长彼短，这时，就要以两项指标的算术平均值重新评价该企业。这种方法尽管看起来简单，但却实用有效。投资人使用这些指标时，可根据自己所能投入的时间和精力做出繁简不同的选择。

3. 注意跟踪所选指数对指数股票的调整更换

跟踪相关指数选择股票与跟踪指数基金投资有所不同的是，投资指数基金的投资人可以不再对指数中的股票做任何调整，因为指数中的股票被更新时，由指数基金对投资股票进行更新，投资人只要盯住指数基金的整体表现即可；而投资指数股票时，投资人则需要对指数股票的更新情况进行跟踪，不同指数的股票通常由发布者事先约定定期更新的时间，例如，每半年更新一次。投资人选择某一指数后必须了解股票更新时间的规定，并及时跟踪相关信息的发布情况，根据指数构成股票的更换情况相应进行调整。

三、在熟悉领域挖掘“钻石宝藏”策略

在熟悉领域挖掘“钻石宝藏”的投资策略，是指投资人根据自己的能力优势选择企业构建投资组合的投资策略。不同的人的能力优势体现在不同的方面，有些人可能对某些行业更为熟知，有些人可能对某地区的企业更为了解，也有的人可能更善于通过统计分析判断如何做投资组合更为有利。能力优势往往由投资人自我判断，即靠“自知之明”判断，并据此选择相关的投资策略。

“钻石宝藏”是坦伯大学的创始人卢赛尔·康威尔教授的一篇经典演讲的题目，演讲的时间大约是在 19 世纪七八十年代。康威尔教授讲了一个古波斯人阿尔·哈法德寻宝的故事。富有的哈法德一天晚上梦见自己找到了一座巨大的钻石矿，不久他便开始在各地寻找这个宝库。寻宝使他花去了几乎所有的财富，极度失望后，他在赫拉克勒斯之柱投海，被巨浪淹没。后来，就在哈法德的波斯领地上，其继承人在带着骆驼去花园小溪饮水时，在小溪中发现了闪闪发光的东西，那个看起来是黑色石头的东西，能折射出五彩的光芒。由此，继承人在哈法德的花园里发现了 Golconda 钻石矿，该矿出产了世界上为数不多的大钻石，其中的 Kohinoor 钻石被镶嵌在英国的王冠上。

故事的寓义简明而深刻：在自己的花园里挖掘，而不必奔走他乡寻找，将可能发现钻石宝藏。先锋集团的总裁鲍格尔在《共同基金投资常识》一书中的“全球化投资”一章中引用了这个故事，意在强调，当发现本国企业在以往的表现中的确给投资人带来了良好的回报时，投资重点就应该放在国内；进一步讲，即使海外投资不会“客死他乡”，即使本国经济不是新的 Golconda 钻石矿，仍然要将资金的大部分配置在国内。投资人选择自己熟悉的企业做投资，能够获得丰厚的投资回报，投资的“家乡情结”能使投资人对所熟悉企业的评价和估值更为准确。

投资人可能对某些地域或行业的企业比较熟悉，或者对提供特定产品或服务的企业比较熟悉，并且熟悉程度因人而异。尽管如此，投资人仍要小心，所谓熟悉是客观评价基础上对企业资产和业绩等相关情况的了解程度，有时对产品、服务或者企业的喜欢程度不同造成对企业了解程度的不同。需要强调的是，不能用个人对产品、服务以及企业的喜好与否代替对企业的客观判断，感情用事在对企业好坏的判断中非但起不到好的作用，反而会导致误判。

还要提醒投资人注意的是，这种投资策略看似容易，实则难度很大。原因在于：一是绝大多数人很难成为某个行业的真正专家，特别是在日新月异的技术和市场消费需求面前，即使是专家对行业以及企业未来的状况也很难进行预测。二是人们靠个人经验和能力对事物进行判断，即使其主观能力很强，也难免受到诸如“生存者偏差”和“选择性记忆偏差”等问题的干扰而导致误判。除非是在组合投资的前提下采用上述策略，否则我的建议是不要采用上述投资策略。

四、无风险套利策略

无风险套利策略是指将暂时没有配置于投资组合的现金进行无风险操作的策略，无风险套利投资策略是辅助投资策略的典型形式。

套利是指利用投资对象确定性的买卖价差即卖价大于买价获利的行为。而买价和卖价之间的确定价差，要么是基于相关法律法规支持的买卖双方的交易约定，要么是基于统计验证的交易结果。例如，沪深股市长期以来IPO公司股票的平均上市价格一直高于其发行价格，无论是IPO时确定估值较低的发行价，还是IPO时确定估值较高的发行价，尽管有少数企业上市后跌破发行价，但 IPO 企业总体的上市价格高于其发行价，所以参与 IPO 企业的新股发行并在其上市时卖出不失为一种套利投资。

在沪深股市上，狭义的套利操作主要指在短期内投资市场上有固定收益的产品，如上面提及的参与上市公司发行新股的申购、投资货币基金、参与国债回购交易等。广义的套利操作主要是将投资组合中企业非经营因素产生的额外收益及时兑现。例如，一家企业被另一家更优秀的企业并购，其股价会大幅上升；再如，投资组合中的一家上市公司投资了另一家上市公司，后一家公司股价大幅上升可能会带动前一家公司股价的上升，由此产生较高的利得收益。但这种无实际经营业绩支持的、单纯由股价上涨带来的收益往往难以持续，应及时兑现才能确保收益。

2014 年年底，尽管沪深股市总体水平并未高估，但绝大多数行业企业的估值水平已经远超过合理水平，此时构建投资组合只能选择较少行业的企业进行配置，较多的资金会处于暂时的闲置状态。这种情况下，采取套利投资策略不失为一种明智选择。具体做法是，无新股发行时，做国债逆回购等固定收益投资可以获得 3%～4%的年化投资收益；遇有新股发行时，将做国债逆回购的资金收回申购新股可获更高收益。2014 年 6 月以后重新启动的新股发行由于限制发行价格按合适的估值定价，上市价格大多连续涨停，远远高于发行价，此时，少部分资金配置股票，多部分资金申购新股或做国债逆回购是具体的套利操作。

强调重视市场套利机制的作用，要求投资人对金融市场随时可能出现的套利机会的特性有充分的认识，并始终对可能出现的套利机会高度关注，尤其是要对广义套利的特性有深刻认识。狭义套利容易操作，货币市场基金、国债回购都可随时购买。与此相比较，广义套利较难，它不是通过及早发现套利产品进行相关操作实现的，套利机会是在持有投资组合的过程中自然产生的，而为了获得套利收益，还需投资人对自我进行很好的控制而不要犯试图猜测市场的错误。有套利投资策略意识，才能预先做好准备比较从容地把握套利机会。当投资组合中某家企业的股票因为并购等非经营原因而导致股价快速上涨时，甚至出现原因不明的股价上涨时，投资人不必过早急急忙忙将股票卖出，而要遵循“天降大福需大气度受之”的规律，等待可能充分获得股价大幅上涨的收益机会的出现。

五、变危机为机会策略

这里所说的危机通常是指导致股市或个别企业股价大幅下跌的事件或因素，是股票投资中所谓的改变股市涨跌方向的“催化剂”，如果处理得当，危机常常可以转化为投资机会。

导致股票价格下跌的危机以及对危机的把握通常体现在三个层面。

第一个层面是，全球或国家整体经济或金融方面的危机。中国自实行改革开放政策以来，经济越来越融入全球经济，股市因此也随时受到全球经济及其市场变化的影响。比如，1997 年的亚洲金融危机，不仅对亚洲各国经济运行造成困难，也使得大部分亚洲国家股票市场的诸多企业的股价大幅下跌，中国沪深股票市场也一度出现恐慌气氛，这是一次以较低价格购买好企业股票的机会。2008 年，全球大多数国家股票市场受美国次级贷款市场危机的影响，出现了较大幅度的下跌，沪深股市同样出现了巨幅下跌，沪市综合股票指数由 2007 年 10 月的历史新高 6 124.04 点下跌至 2008 年 10 月的 1 664.93 点，而此时沪深股市估值下降到市净率 1.8 倍以下的水平，事后证明，这是一次极好的低估值配置投资组合的机会。沪深股市由 2008 年 10 月的 1 664.93 点的低点上涨至 2009 年 8 月 3 478.01 点的高点之后，接着受欧债危机、美债危机等国际市场因素的影响，股指又不断下跌，以至于沪深股市创出了历史最低的估值水平，例如沪市平均市净率降到了 1.3 倍的水平。而这又再次成为后来沪深股市上涨前的最好投资机会之一。

第二个层面是，股市本身的突然暴跌或持续下跌造成股价整体大幅下降。尽管每一次股市的连续上涨，都会激发人们对股指“一骑绝尘”的想象力，但最终还是常常会因估值过高而引发暴跌或连续下跌，而且矫枉过正、股指下跌到低估水平的情形也不少见。回顾中国股市 20 多年的发展历史会发现，它与国外市场毫无二致的表现是，股市是在涨涨跌跌的起伏中发展的，对投资而言，更大的机会是在下跌过程而非上涨过程中。

第三个层面体现在企业自身。个别企业可能因为偶然原因经营出现暂时困难，利润下降导致其股票价格大幅下跌，或者企业经营和资产并没有出现什么问题，但市场对企业某些行为不予认同，也可能导致股价较大幅度下跌，此时通常也是买入其股票的良机。例如，股市整体估值较高、交易活跃时，上市企业融资也比较容易，而且，融资和股价还会形成相互驱动的效应；相反，股市整体价值低估、交易清淡时，如果企业提出融资计划，往往会导致股价进一步下跌，一些企业的估值会因此进一步降低，这会给投资人带来投资机会。

变危机为投资机会、大胆投资的策略，也可视为逆向投资策略的具体形式，危机带来了股票低估的机会，在估值较低的水平下构建投资组合，意味着投资成本相对较低，因而长期投资收益也必然会有所提高。

第五章/*Chapter Five*

大数投资的交易准则

股票交易一般指股票的短期买卖。在讨论股票交易之前，必须明确，大数投资中交易的目标是降低投资组合的投资成本，通过降低投资成本提高整体收益水平，而不是谋求以个股差价直接获利。

讨论交易是因为交易可能有用。如果对价格波动过程中估值变化带来的配置机会或降低成本机会把握得当，交易能够起到提高收益水平的作用。而有用的交易应该有具体的交易指标可参考，并且这些交易指标需要统计回溯支持。本章主要以交易准则的逻辑讨论如何交易有用的问题，但其中所使用的指标的具体基准则采用沪深市场实证检验有效的回溯结果。

交易也可能无用，也就是买进卖出的基准不正确，或者虽然基准正确但操作不当错失买进卖出机会导致无法提高收益水平，甚至反而降低了投资收益。所以，在考虑交易问题和具体操作过程中，应怀着特别谨慎的态度。

投资之所以要讨论交易问题，除了意识到交易客观上有优化投资收益的可能性之外，还出于如何解决投资者交易冲动问题的考虑。有时，导致股票交易行为的原因并非是投资人提高收益的要求，而仅仅来自投资人的交易心理意愿。

单纯从提高收益的角度讲，投资人只要在合理估值价格下构建了拟合全部上市公司的投资组合，并长期持有这个投资组合就能自然而然获得稳定合理的投资收益。如果投资人不急于兑现这些收益，则可以长期持有其投资组合；如果投资人需要部分兑现收益他用，则在股市波动中将估值较高的股票卖出一部分，或者将组合中的股票等比例卖出一部分即可。对于投资而言，本质上不需要复杂的交易设计。

从人们的心理特性理解，即使是投资人有时也可能有交易冲动，投资中往往难以避免冲动导致的交易。如果任凭冲动驱动交易，投资人没有严格的自我约束，可能会不自觉地去进行价格预测并据此进行交易，从而偏离投资并影响投资的坚持从而损害投资收益。

本章所讨论的交易内容，重在提供一种机制，既能满足投资人因交易冲动而产生的交易需求，又能确保投资人在遵循大数投资原则基础上进行交易。具体而言可以从两个方面理解。首先，以较低基准要求，投资人所作的交易不会从根本上动摇投资根本，即形式上所表现的短期性的买卖行为，仍然是在组合投资、低估值投资和长期投资的框架下进行。其次，从较高基准要求，通过交易可能进一步降低投资人的投资成本，达到优化投资收益的目的。

本章用交易准则给出交易方法的相关内容，主要用意在于强调，交易设计重在提出交易的框架原则，而不是提出一套固定的交易方法。投资人应用交易准则时，可以根据自己的投资习惯和实践经验对此进行适当的调整。

本章所制定的交易准则依据如下原则设计：

第一，严格贯彻大数投资的投资理念和估值基准。判断一只股票是否值得买进，要看这只股票所代表的企业是不是有价值。判断一家有价值的企业是否值得买进，还要看这家企业股票价格是否处于合理估值水平之下。投资人要耐心等待，直至有价值的企业的股票价格达到低估值时才买进。投资组合中的每一只股票的买进，都必须坚持这样的原则。不要试图猜测股票价格，更不要试图按猜测价格买进股票。同样地，判断一只股票是否必须卖出，应在价格严重高估其价值，或者这家企业所在的行业所配置的资金比例较高时才卖出。交易中最忌凭猜测价格买进卖出，频繁买卖可能屡屡错失有投资价值的企业，或者会因高额的交易税费成本而降低投资收益。更重要的是，频繁交易会导致背离大数投资基本准则和具体操作基准。

第二，遵守投资策略要求。前述投资策略中所提出的绝对胜算投资策略和逆向投资策略，以及交易首先应考虑安全的要求，界定了交易的具体框架。

第三，力求缓解投资人的心理压力。良好的交易方法，不仅应保证投资人最终能够获得较好的投资回报，还应能减少投资人在投资交易过程中所承受的心理冲突。

交易准则1：降低投资成本准则

降低投资成本的交易是指股价下跌时买进、股价上涨时卖出的交易。降低成本的交易有可能不断降低投资组合的投资成本，从数学角度衡量，能产生更高的时间价值收益。

构建投资组合的成本越低，未来的收益越高。投资组合成本低首先是通过配置低估值的股票实现的，估值越低，投资组合的配置效果越佳。但是，期望在更低估值时配置投资组合，往往会错失投资机会，而降低投资成本的交易恰恰提供了低估值即低成本配置投资组合的可能性。

投资成本高低对投资收益影响之大，可以通过下面的例子反映出来。例如，甲企业是一家符合概率抽样方法的相关要求被选入投资组合的中小型上市公司，过去几年其盈利持续增长。若今年企业盈利为0.5元/股，按照合理估值配置该企业，可以在10元及以下的水平加以配置。现在假定配置该企业时，有估值合理的边界值和较低值两种情况，那么未来投资收益有多大差异呢？第一种情况是，在市盈率20倍时买进该股票，购买价格为10元/股；第二种情况是，在市盈率10倍时买进该股票，购买价格为5元/股。

假如投资人买进股票以后，企业盈利继续保持增长，未来股价上涨到 20 元/股，此时分别计算一下两种情况下的投资收益并比较一下结果。如果仅从每股股价的变化上比较，前者股价上涨了 10 元/股，利得收益为 10 元；后者股价上涨了 15 元/股，利得收益为 15 元，后者比前者多出利得收益 5 元（15 元－10 元＝5 元）。但是实际上，由于后者购买价格低，当初如果同样投资 10 元，前者仅能购买 1 股股票，而后者可以购买 2 股股票，这样，当股价由 10 元/股上涨到 20 元/股时，后者的绝对收益是 30 元（15 元/股×2 股＝30 元），足足比前者高出 2 倍，前者的投资收益率为 100％，而后者的投资收益率为 300％。后者比前者低估 50％买进，而获得的收益则是加倍的。如果从长期投资的角度衡量，不同估值即不同投资成本对投资收益影响的差异会随股票持有时间增加逐步放大，由此降低投资成本自然成为提高投资收益的要素。

通过交易降低成本可以从买和卖两个途径实现，即股市或个股股价下降时逐步买进股票，股市或个股股价上涨时部分卖出股票。

一、降低投资成本的基准

初始购买某一行业企业的股票构建投资组合时，股票估值为边界值，买进或卖出的基准以此为基点确立，下面分股价下跌和上涨两种情况加以讨论。

1. 股价下跌时降低成本的方法

下跌时买进的基准是股价每下跌 20％就持续买进下一笔，为了便于操作，持续买进时按同样的股份数额买进，具体操作可参照下述方法。

例如，计划投资资金为 90 万元，按资金配置 30 个行业的 30 家企业，平均每家企业可配置资金 3%，约 3 万元。假定某一行业某家企业股价为 10 元/股，市净率为 2 倍达到可以配置的边际值。结合 $X=2P-1$ 的投资策略，最初可以买进这家企业的股票大约 1 000 股，用去可配置资金 3 万元中的 1 万元；股价下跌 20%至 8 元/股时，继续买进 1 000 股，用去 8 000 元；股价再次下跌 20%至 6.4 元/股时，继续买进 1 000 股用去资金 6 400 元；股价继续下跌大约 20%至 5.1 元/股时，仍然买进 1 000 股用去资金 5 100 元。

从估值边界值初始配置开始，买进 4 次用完计划配置的资金，下跌过程中的持续买进将不断降低投资成本，由初始配置投资的 10 元/股降到大约 7.4 元/股的水平。表面上看，持续买进依据的是股价的持续下跌，实质是估值的不断下跌，从初始投资至股价跌到 5 元左右，该股票的市净率下降到大约 1 倍水平。

这里给出的基准是每次下跌 20%后再买进同样数量的股票，那么可不可以将每次下跌的幅度设定为 10%或 5%呢？从纯粹数学的角度考虑，当然可以。现在假定 $X=\sum Q_i P_i$，其中 X 为某个行业企业配置的资金量，Q_i 是每次下跌买进的数量，P_i 是每次下跌后的价格，那么只要市净率下降到 1 倍时，实际所用的资金量不超过计划配置的资金量，以多大的下跌幅度作为下一次买进的基准可以由投资人自己确定，具体可以通过调整第一次和每次买进的数量确定。

为了操作方便，将第一次和以后每次买进确定为相同数量，即 $Q_i = Q$。上述例子中每次买进的数量 Q 为 1 000 股，买进次数 i 为 4 次，配置求和结果 $X = \sum Q_i P_i \approx 3$（万元）。如果每次下跌幅度确定为 10%，那么 Q 为 500 股，从第一次买进至市净率下跌到 1 倍左右时，买进次数 i 为 8 次，求和结果 $X = \sum Q_i P_i \approx 3$（万元）。如果下跌幅度确定为 5%，那么 Q 为 200 股，从第一次买进至市净率下跌到 1 倍左右时，买进次数大约为 21 次，i 为 21 次，求和结果仍然是 $X = \sum Q_i P_i \approx 3$（万元）。

上面是以数学计算结果说明，投资人可以选定不同的下跌幅度作为下跌时买进的基准，但从实际操作的效果看，将 20%的跌幅作为每次买进的基准是比较恰当的，幅度太大不容易尽快配置组合，而幅度太小又容易造成投资人的交易焦虑。同时还要指出，以每次下跌 20%作为下跌时买进的基准，统计回溯结果证明是一个有效的基准。

接下来要继续提出的问题是，如果股票价格跌到市净率 1 倍，还继续下跌怎么办？答案非常明确，就是继续买进，即同样按照每次下跌 20%的基准继续买进。上面的例子中，市净率 1 倍时，股价大约为每股 5 元，继续下跌 20%至每股 4 元，买进与第一次相同股数 1 000 股所用资金为 4 000 元；再下跌 20%至每股 3.2 元，再买进 1 000 股所用资金为 3 200 元，配置该企业增加的资金 7 200 元占资金总额 90 万元不到 1%。

那么会不会因买进所用的资金量很大而造成巨大亏损呢？对此，投资人大可不必担心。首先，由上述计算结果可知，股价大幅下跌后虽然每次买进股票数量相同，但由于股价大幅下跌，每次买进需要的资金绝对量以及占资金总量的比重并不大。其次，大数投资给出的估值基准是市盈率和市净率两项基准，如果某个行业企业股票在市盈率满足配置基准的条件下，市净率为1时股价仍然大幅下跌，那投资人非但不用担心损失，反而应该庆幸获得了低成本配置组合的绝好机会。从沪深股市的实际数据验证而不是从假定看，一个行业企业股票市盈率在20倍以下、市净率低于1倍时仍然下跌即是买进的更好时机，毕竟大数投资是以投资组合收益而不是个股损益来衡量投资结果的，而估值越低越坚持买进才能越有利于降低投资组合的成本。

还可以进一步思考的是，构建投资组合允许配置一个行业资金占比在3%的范围内买进多家企业，该行业初始配置的某家企业价格没有下跌，那么可通过将剩余资金配置于同行业其他估值及价格下跌的企业，以此降低投资成本。

2. 股价上涨时降低成本的方法

股价上涨时降低成本的方法是股价上涨到一定幅度减半卖出。减半卖出，可将余下另一半股票的投资成本降低，通过降低个别企业的投资成本，可以降低整个投资组合的投资成本。而卖出股票收回的现金，可以择机买进同行业或其他行业低估值企业的股票，实现低成本买进、高估值卖出进一步降低成本的良性循环。

那么，究竟上涨幅度多大减半卖出合适呢？本书给出两个基准：一个是比较简单但比较适用的基准，即投资组合中某个企业股票价格上涨幅度达到该股票一年内最低价格的100%，即可减半卖出，接下来，如果股票价格继续上涨至最低点的300%，则继续减半卖出。例如某股票一年内最低点的价格是每股6元，上涨到每股12元，可减半卖出，继续涨到每股18元，则继续减半卖出，继续上涨以此类推卖出。这一100%的基准是按照以往沪深股市投资组合收益最优的回溯统计结果确定的，而不是按照个别企业股票价格上涨到什么程度卖出最恰当的逻辑确定的，单个企业股票究竟涨幅多大卖出合适无法通过实证结果判断。

为了避免产生误解，这里再次强调，交易往往指短期的买卖行为。如果投资组合中股票的持有时间达到了5年，即使股价上涨幅度达到100%也不应该卖出，因为正常上市公司平均净资产差不多5年翻一番，如果配置当初严格按照估值水平配置，5年后股价上涨一倍当属正常。也就是说，购买股票时间不长，例如不到2年甚至短到只有若干个交易日，所持股票的净资产以及利润水平都不会有显著变化，但股价却在短时间上涨，此时要抓住降低成本的机会果断卖出。如果购买股票持有时间较长例如超过2年，但又没达到足够长例如5年，则可以考虑将上涨幅度调高，投资人可以自己通过统计回溯确定出大致基准。

本书给出的另一个基准是，根据买进时的估值水平确定卖出的上涨幅度，因为买进时估值水平较高意味着投资成本较高，降低成本的要求也比较急迫，股价上涨幅度较小时就需减半卖出，以便较快地将投资成本降低。反之，买进时估值较低意味着投资成本已经较低，进一步降低成本的要求也没有那么迫切，不妨在股价上涨幅度较大时减半卖出。一经卖出，就会将剩余持有股票的投资成本大幅降低，甚至一次性降到零成本的水平。下面给出按照买进股票的市净率估值基准减半卖出的涨幅基准。

2 倍市净率买进，短期股价上涨 50%减半卖出。

1.5 倍市净率买进，短期股价上涨 75%减半卖出。

1 倍市净率买进，短期股价上涨 100%减半卖出。

按照市盈率估值基准给出的减半卖出涨幅基准可比照上述基准确定。

需要说明的是，第二个基准的使用稍有点复杂，特别是一些投资人在投资过程的反复交易中已经算不清买进时的成本，使用的时候会比较烦琐，所以，可以将第二个基准作为启发投资人思路的一种参考，实际操作不妨按照第一个基准执行。但不管怎样，股市的情况总是在不断变化，在参考上述基准的前提下，投资人不妨自己做做统计回溯以确定更合适的基准。

二、如何依据股市整体估值水平进行交易

依据股市整体估值水平进行交易的总原则是：在市场估值处于平均水平之下，不断买进股票构建组合，估值越低，购买组合所用资金越多；市场估值处于平均水平之上，只考虑卖出股票而不再买

进股票，估值越高卖出股票比例越高。当然，买进卖出还要结合股市是处于上涨还是处在下跌的过程。在下面的永续投资准则的相关分析中可以清楚地看出，下跌而不是上涨中不断买进股票构建投资组合更有利于提高投资收益，这与主张逆向投资策略所依据的原理是相通的。

按照投资原理，投资企业是基于对企业净资产及其收益的判断而非基于对股票价格的预期，只要发现有被低估的股票就可以买进。那么，是否可以按“只顾个股，不管大市”的方式买进呢？如果在整个股市市盈率较高时，仍能发现价值严重低估的个股，通常可以不顾及大市购买个股股票。不过出现下面两种情况时，应谨慎考虑，不要急于买进。

第一种情况是，整个市场估值出现了高估甚至严重高估的情况，此时不宜买进股票构建投资组合，构建投资组合要回到投资原点，即低估值配置的原点。原因主要有两点：首先，股市整体高估时，个股仍然低估的好企业股票较难出现，即使出现，低估的程度也有限。所以，在股市整体高估时，还是少买股票为好。其次，股市整体高估时，许多企业的盈利增长会有严重的泡沫，即企业之间相互持股，股价上涨使企业各自利润增加，而这种增加是不稳定、不可靠的。企业稳定可靠的利润源泉是主营业务收入。企业之间由于相互持股在股市整体上涨时导致的各自利润增长，受到现有会计制度的支持，投资人更需谨慎对待。

第二种情况是，整个市场估值刚刚达到边际状态但结构性严重高估的情况。例如市场估值处于平均水平，即市净率 2 倍左右、市盈率 20 倍左右的边际状态，也就是市场整体估值尚未达到高估的状态，但是，出现了行业及其企业估值结构性高估的情况，例如 2014 年年底沪深两市经过半年多的持续上涨，两市平均市净率、市盈率估值指标与其估值长期平均水平基本相当，但是绝大多数行业及其企业的估值水平大大超出以往的平均水平。

总体而言，当市场整体估值在合理估值范围内波动时，存在较多的交易机会，可以反复买进低估值的股票，卖出高估值的股票。当市场整体估值水平严重低估或严重高估时，应尽量避免双向交易而采取单一的买进或卖出策略。市场严重低估时，应主要考虑买进构建投资组合并持有；而市场严重高估时，则应考虑卖出而不应该再考虑买进，再次买进构建投资组合则需要足够的耐心，等待合理估值以及低估值机会的出现。

交易准则 2：永续投资准则

永续投资是指随着股价下跌持续买进的交易。永续投资准则从数学角度衡量，能确保在不追加资金的情况下，使现有投资持续进行。

永续投资意味着，只要在估值合理的前提下构建了投资组合，股市下跌时不但不必担忧，反而可在股市持续下跌时持续买进。永续投资准则所蕴涵的更为广泛的意义在于使投资充满乐趣。投资犹如数学游戏，只要坚持组合投资，并且所投资的企业有净资产和利润支持，那么，表现价值的具体数值即价格在游戏过程中不管是变大还是变小，最终所获必定会大于初始投入。

一、永续投资的适用条件

投资人买进股票以后可能会面临三种情况（见图5—1）。第一种情况是股票价格连续上涨；第二种情况是股价下跌后又恢复到最初买进股票时的价格水平；第三种情况是股价连续下跌后价格虽然从低位恢复，但达不到最初买入股票的价格水平。显然，第一种情况股票的最终价格高于买进时的价格，投资人是可以获利的。假如有一种投资方法能保证投资人在后两种情况下也能获利，投资人就不必担心投资中必然面对的价格涨跌波动。永续投资就是这样一种投资方法，对它的运用能使这种假设成为现实。

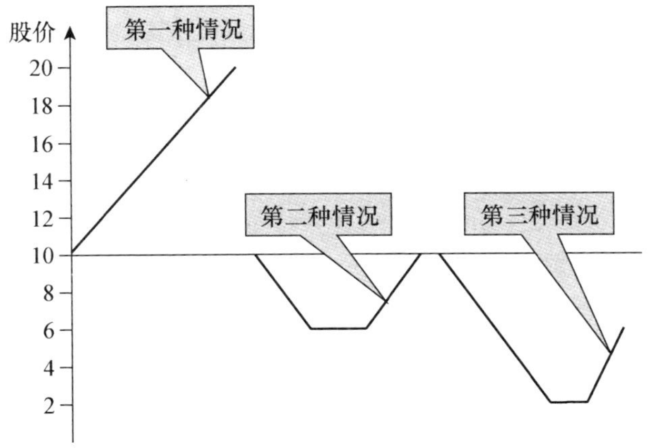

图5—1　假定投资时间相同的投资可能出现的股价波动情况

二、永续投资的操作方法

例如，投资人有 12 万元资金，将资金 6 等分，以每份资金 2 万元持续买进一只有投资价值的股票。第一笔投资买进股票的价格为 10 元/股，以后不论股票价格是上涨还是下降，每当股票价格变动幅度为 2 元/股时，就继续买进第二笔，直到买完 6 笔。结果发现（见表 5—1、5—2、5—3），无论股票是上涨还是下跌，投资人只要坚持按一定基准持续买进股票，最终一定能够获益。

表 5—1　　第一种情况下的投资结果（股价由 10 元/股一直上涨至 20 元/股）

买入价格（元/股）	资金（元）	股票数量（股）
10	20 000	2 000
12	20 000	1 667
14	20 000	1 429
16	20 000	1 250
18	20 000	1 111
20	20 000	1 000

预计投资资金全部投入后的持股数量：8 457
平均持仓价格：14.19 元/股
终点收益率：40.94%

表 5—2　　第二种情况下的投资结果（股价由 10 元/股下跌到 6 元/股后又回升到 10 元/股）

买入价格（元/股）	资金（元）	股票数量（股）
10	20 000	2 000
8	20 000	2 500
6	20 000	3 333
6	20 000	3 333

续前表

买入价格（元/股）	资金（元）	股票数量（股）
8	20 000	2 500
10	20 000	2 000

预计投资资金全部投入后的持股数量：15 666
平均持仓价格：7.66 元/股
终点收益率：30.55%

表 5—3　第三种情况下的投资结果（股价由 10 元/股下跌至 2 元/股后回升至 6 元/股）

买入价格（元/股）	资金（元）	股票数量（股）
10	20 000	2 000
8	20 000	2 500
6	20 000	3 333
4	20 000	5 000
2	20 000	10 000
2	20 000	10 000

预计投资资金全部投入后的持股数量：32 833
平均持仓价格：3.65 元/股
终点收益率：64.38%

由表 5—1 至表 5—3 的对比可以看出，似乎第三种情况表面上看最不利于投资人（股价大幅下跌后虽然重新上升，但股价距离初始投资水平相差仍然较大）。尽管如此，由于同样的资金在低价位可以购买更多的股票，股价由低位上升带来的收益更大，反而是收益率最高。为了比较，假定有第三种如表 5—3 所示的情况，即股票价格由 10 元/股一直下跌到 2 元/股，而实际上，在低估值购买的前提下，价格并不会由 10 元/股下跌到 2 元/股，可能只是下跌到 5 元/股。投资人不妨按 10 元/股下跌到 5 元/股，再上涨到 7 元/股，重新做一个永续投资计划，同样能够制定出没有亏损的计划，也就是说，投资人可以假定股票价格由10元/股下跌到2元/股制定相应的永续投资计划，也可以将10元/股下跌到2元/股分为若干下跌波动阶段，每个阶段都可制定相应的永续投资方案。当然，在上面假定的第一种情况下，如果买进低估值的股票因股价上涨趋向回归价值以至于高估，投资人不宜继续买进。

由永续投资准则及其原理得到的结论是，在合理估值水平的基础上，下跌时购买股票不仅有利于投资成本的降低，而且同等数额的资金能够配置较多数量的股票，长期而言容易实现超过平均水平的投资收益。反之，上涨时购买股票不仅导致投资成本上升，而且同等数额的资金只能配置较少数量的股票。上涨时配置股票要想获得收益，必须具备一个条件，即投资人猜股票价格上升是正确的并假定在股票价格下跌前准确卖出了股票，这种靠猜而进行交易的内容不在本书讨论之列。

由此，我们也可以凭借投资人购买股票的行为判断其是否为真正的投资人，虽然不能断言所有在股市下跌过程中购买股票的人是投资人，但可以断言在股市上涨过程中购买股票的人是投机者而非投资人。

交易准则3：“2/3上限”准则

“2/3上限”准则，是指构建投资组合投入的资金占全部投资资金的比例上限边界为2/3，市场波动时以此为约束条件进行交易。

“2/3 上限”准则从数学角度衡量，能确保投资人在市场连续下跌过程中，仍能持续交易。

为避免误解，这里再次强调说明，2/3 是指投资组合的市值占全部投资余额的比例，对个别行业及其企业则没有 2/3 的限制。个别行业企业估值只要达到市净率 1 倍和市盈率 10 倍的水平，计划配置的 3%的资金理当全部配置，而不是以 2/3 为上限。

结合此前的相关论述，有人可能不免担心，所有行业配置资金均达到 3%的水平，配置于投资组合的资金占比将超过 2/3 上限。这种担心大可不必。一般配置于一个行业的资金比重达到 3%的均衡水平，意味着该行业估值达到估值低限，所有行业企业股票估值同时跌到低限的情况，过去并没有实际发生过，即使未来出现这种情况，“2/3 上限”准则不但不会受到资金全部配置组合的困扰，反而恰恰有助于解决这种可能发生的问题。

“2/3 上限”准则是符合可错性原理的一种投资准则。所谓可错性，是指决策者做出决策时虽然无法准确判断决策后事物的变化趋势，但无论出现什么样的趋势结果，决策人都有备用方案应对，因而对任何变化结果都能接受，并在长期变化中保证决策的有效。按照“2/3 上限”准则，将构建投资组合的股票市值占现有投资余额的比例达到 2/3 作为买入股票的上限基准，从而确保完成投资组合后即使股市继续下跌，投资人也可以对投资组合进行调整，保证永续投资准则能够实施。投资组合配置完成后，如果股票下跌，投资人按照 1/3 为现金、2/3 为股票的原则，从备用的现金中拿出一部分继续买进股票；如果股票上涨，投资人卖出一部分股票，使现金和股票的比例保持在 1∶2 的状态。股票连续下跌、连续上涨或涨跌互现的波动中，均可以按照上述方法操作。

例如，投资人现有投资余额为 900 万元，如果此时投资组合恰好配置完毕，其中所持股票市值大约为 600 万元，现金大约为 300 万元，投资组合配置资金比例达到 2/3 上限值，之后股票可能出现下跌和上涨两种情况。

第一种情况，如果股市下跌，例如下跌 10%，组合投资股票市值下跌为 540 万元，投资人可以从剩余的 300 万元现金中拿出 20 万元持续买进股票，此时持有股票市值为 560 万元，持有现金为 280 万元，现金与股票的比例仍然为 1∶2。如果股票持续下跌，可按照资金和股票的比例为 1∶2 的原则，持续买进股票。与投入全部资金购买股票相比，按照“2/3 上限”准则，不仅可降低股票下跌过程中造成的损失，而且在更低的价位可以不断买进低估值股票，为构建低成本投资创造有利条件。

第二种情况，如果股市上涨，例如上涨 10%，投资组合股票市值上涨为 660 万元，投资人则可以卖出 20 万元市值的股票，此时股票市值为 640 万元，持有现金为 320 万元，现金与股票的比例仍然为 1∶2。如果股票持续上涨，可按照现金和股票的比例为 1∶2 的原则，持续卖出高估值股票。这样，即使在股票价格不断上涨过程中不断卖出一部分股票，将剩余股票市值占投资余额的比例保持在 2/3 的水平，也可以凭借持有的股票赢得收益。而且在股价反转下跌时能够按照第一种情况进行操作。也就是说，按照“2/3 上限”准则交易，无论股票上涨还是下跌，投资人都有办法应对。

在股市波动中，按照“2/3 上限”准则做相应调整，具体买进或卖出哪家企业股票则需结合交易准则 1“降低投资成本准则”确定，也就是说，买时买进那些跌幅超过 20%，卖时减半卖出那些由一年内最低价上涨 100%或再次上涨 100%的股票。

一、“2/3 上限”准则的应用条件

（1）构建投资组合所选企业符合价值基准以及估值基准。

（2）市场价格常常高估企业价值，多数情况下，可供配置的企业股票较少，投资组合所用资金占比多数时间较低。

（3）低估行业及其低估企业较多时，相应投资组合所用资金占比逐步提高，但上限一般不超过 2/3。

（4）投资组合资金占比达到 2/3 之后，如果市场价格仍然下跌，每下跌一定幅度 r 时（例如 r 为 20%等），可继续按投资组合占比 2/3、现金占比 1/3 的原则对持币和持股进行调整，继续买进股票；如果市场价格上升，同样按投资组合资金占比 2/3 的原则调整，卖出上涨幅度较大的达到卖出基准（例如涨幅超过一年内最低点的 100%）的股票。

二、“2/3 上限”准则的优越性

运用“2/3 上限”准则，即使遭遇市场的连续下跌，也能够将投

资损失降到最小，甚至在下跌的市场中仍然可以获利。

1. 与满仓操作相比，运用“2/3 上限”准则可确保投资人在股市持续下跌时损失较小

单纯从股票价格变化评价，非满仓（资金全部买入股票称为“满仓”）投资与满仓投资相比，在股市持续下跌中能较大幅度地降低投资风险。假定最初投资为 Q_0，单位为 100，按“2/3 上限”准则投资与满仓投资的比较结果可以参看表 5—4 的内容。

表 5—4　　股价波动中按“2/3 上限”准则与按满仓操作投资结果的比较

n	Q_n	$\bar{Q}_n$	n'	$Q_{n'}$	$\bar{Q}_{n'}$
0	100	100	20	91.48	81.79
1	93.33	90.00	19	85.76	74.36
2	87.11	81.00	18	80.40	67.60
3	81.30	72.90	17	75.37	61.45
4	75.88	65.61	16	70.66	55.86
5	70.82	59.05	15	66.25	50.79
6	66.10	53.14	14	62.11	46.17
7	61.70	47.83	13	58.22	41.97
8	57.58	43.05	12	54.59	38.16
9	53.74	38.74	11	51.17	34.69
10	50.16	34.87	10	47.98	31.53
11	46.82	31.38	9	44.98	28.67
12	43.70	28.24	8	42.17	26.06
13	40.78	25.42	7	39.53	23.69
14	38.06	22.88	6	37.06	21.54
15	35.53	20.59	5	34.74	19.58
16	33.16	18.53	4	32.57	17.80

续前表

n	Q_n	$\bar{Q}_n$	n'	$Q_{n'}$	$\bar{Q}_{n'}$
17	30.95	16.68	3	30.54	16.18
18	28.88	15.01	2	28.63	14.71
19	26.96	13.51	1	26.84	13.37
20	25.16	12.16	0	25.16	12.16

表中，赋值 $Q_0=100$，$r=10\%$；

n 表示股价从 P_0 开始跌幅为 r 的下跌次数；

r 表示股价每次下跌或上涨的幅度；

n'表示股价从 P_n 开始涨幅为 r 的回升次数；

Q_n 表示执行“2/3 上限”准则，每次下跌幅度为 r，下跌第 n 次时，持续买入股票后的现有投资总额；

$Q_{n'}$ 表示执行“2/3 上限”准则，每次上涨幅度为 r，第 n'次回升后的减仓投资总额；

$\bar{Q}_n$ 表示“满仓”操作，每次下跌幅度为 r，下跌第 n 次时现有的投资总额；

$\bar{Q}_{n'}$ 表示满仓操作，每次上涨幅度为 r，第 n'次回升后的投资总额。

如表 5—4 所示，按“2/3 上限”准则操作的投资人在股市持续下跌波动中，始终坚持 1/3 持有现金、2/3 投资股票的准则，每次下跌幅度为 r（r 为 10%）时持续买进已经持有的股票，这样，既可以避免股市上涨时持有股票比例过低，投资“踏空”的风险，也可以在股市下跌时将损失程度降低。

连续下跌过程中，持有 2/3 仓位的投资人损失明显较小，股市下跌 7 个 10%的时候，满仓投资人损失超过 50%，而股市下跌 10 个 10%，保持 2/3 仓位的投资人的损失才接近 50%。假如出现极端的情况，如果股票价格连续下跌 20 个 10%，满仓投资人的现有投资总额只剩最初投资额的 12.16%，而按“2/3 上限”准则操作的投资人，现有投资总额是最初投资额的 25.16%，大约为满仓投资人的一倍。

而股价下跌到一定水平重新上涨时，2/3 持仓投资者也比满仓投资者有更大优势。例如，股价连续下跌 20 次 10%后连续上涨 20 次 10%，2/3 持仓者现有的投资总额由 25.16%上升到 91.48%，而满仓者现有的投资总额由 12.16%上升到 81.79%。

2. 运用“2/3 上限准则”的投资人可以在股市下跌中获得较多的派现补偿

按照“2/3 上限”准则操作，股市下跌过程中，投资人持续补仓，尽管以股票价格衡量的现有投资总额越来越少，但投资人持有的股票数量则会越来越多。假设买入的股票每下跌一个 10%，补仓一次，持续下跌 20 个 10%时，投资人持有的股票数量将达到最初买入股票数量的一倍以上（见表 5—5）。投资人由此获得的派现收益显著提高，因为企业对投资人的现金分配，不是按照股价高低而是按照股份数量多少确定的。按照“2/3 上限”准则交易的投资人因持续买进股票，股票价格下跌的损失也会由股票派现收益得到一定的补偿。不仅如此，按照长期持有原则中的“股利再投资”的方法，投资人可以用不断获得的股利收益持续买进股票。

表 5—5　　股价连续下跌过程中按照“2/3 上限”准则持续买入股票的结果

n	N_n	Q_n	P_n
0	6.67	100	10
1	6.91	93.33	9.00
2	7.17	87.11	8.10
3	7.44	81.30	7.29
4	7.71	75.88	6.56

续前表

n	N_n	Q_n	P_n
5	8.00	70.82	5.90
6	8.29	66.10	5.31
7	8.60	61.70	4.78
8	8.92	57.58	4.30
9	9.25	53.74	3.87
10	9.59	50.16	3.49
11	9.95	46.82	3.14
12	10.31	43.70	2.82
13	10.70	40.78	2.54
14	11.09	38.06	2.29
15	11.50	35.53	2.06
16	11.93	33.16	1.85
17	12.37	30.95	1.67
18	12.83	28.88	1.50
19	13.30	26.96	1.35
20	13.80	25.16	1.22

表中，赋值 $Q_0=100$，$P_0=10$ 元/股，$r=10\%$；

n 表示股价从 P_0 开始跌幅为 r 的下跌次数；

Q_n 表示执行“2/3 上限”准则，每次下跌幅度为 r，下跌第 n 次时，持续买入股票后的现有投资总额；

P_n 表示下跌幅度为 r，下跌第 n 次的股票价格；

N_n表示执行“2/3 上限”准则，每次下跌幅度为 r 买进股票后的持股数量。

由表 5—5 可以得出：

$$N_n=\frac{2Q_0}{3P_0}\left(\frac{1-\frac{2}{3}r}{1-r}\right)^n=\frac{20}{3}\times\left(\frac{28}{27}\right)^n$$

$$N_0=\frac{20}{3}=6.67，N_{20}=\frac{20}{3}*\left(\frac{28}{27}\right)^{20}=13.80>2N_0$$

即按照“2/3 上限”准则，下跌 20 个 10%后，持股数量将超过初始持股的 2 倍。

3. 运用“2/3 上限”准则的投资人可以在股票价格下跌过程中用套利收益弥补投资损失

从股票市场的实际情况观察，在一定时期内，即使股票价格持续下跌，也不是直线下跌，股票下跌过程是有涨有落的波动过程。买入股票的比例达到 2/3 后，如果股市下跌 10%，可以按股票占 2/3 比例的基准，在相对低位补仓；而股市一旦上涨，则可以在保持股票比例 2/3 的前提下，卖出一部分价格上涨幅度较大的股票进行套利。再下跌再补仓，再上涨再套利，反复操作，不断获得套利的“意外”收益。这种套利操作，不仅可以让投资人持续获得额外收益，还能在坚持投资全部上市公司理念的前提下释放投资人的交易冲动，有效缓解投资人的心理冲突，这也是“2/3 上限”准则的又一优势所在。

4. 运用“2/3 上限”准则的投资人可以在股市下跌中利用派现收益进行再投资，提高投资收益水平

由于股市下跌过程中投资人所获得的派现收益是一种现金状态的收益，增加了投资人所持现金的比例，投资人可以主动操作，在持有的同时进行再投资，即利用持有投资组合所获得的派现收益在股市持续下跌中买进更多的股票，增加投资组合中股份的数量。

在股市下跌中，股利再投资的好处表现在两个方面：一是通过再投资可以积累更多的股份；二是再投资以后还可以持续获得股利。两方面的作用均能缓解投资人由于投资组合市值下降带来的压力。

这一点被杰里米·西格尔教授称为“熊市保护伞”。当股市上涨时，这些低价获得的股票上涨能够提高整体投资的收益率。所以说，“股利再投资”不仅是“熊市保护伞”，还是“收益加速器”。

需要说明的是，上面关于“2/3 上限”准则的讨论，并没有紧密联系大数投资方法的实际操作具体讨论，而接近纯粹数学算法的讨论。如果说联系了实际，其数字内容比较贴近当年美国市场的情形。前面提到，1929—1933 年间席卷整个资本主义世界的经济危机使得纽约证券市场的价格从最高降到市净率最低 1 倍的水平时，下跌幅度为 80%。上面假定股市价格下跌 20 个 10%的情况正是以此为背景的。

那么，如果联系大数投资方法和具体操作情况，结果会怎样呢?按照绝对胜算交易策略，从市净率 2 倍上限到市净率 1 倍下限，在配置股票的资金占全部资金的比重达到 2/3 的比例时，构建投资组合的平均成本为市净率 1.5 倍的成本。由表 5—4 可知，1.5 倍市净率满仓配置，如果股市跌到市净率 1 倍的水平，市场的跌幅大约为 33%，即（1.5－1)/1.5≈33%，股市大约持续下跌 4 个 10%。如果股市持续下跌 4 个 10%，按照“2/3 上限”准则配置的组合最大损失不超过 25%。假定未来沪深暴跌到了市净率 1 倍的水平，平均 1.5 倍市净率成本构建的投资组合最大亏损底线的亏损程度不会超过 25%的幅度。况且，过去沪深股市运行的 20 多年，市场估值水平最低是在 2013 年 6 月 25 日当天短暂出现的，2014 年 8 月之前几次出现市净率 1.3 倍的情况，说得再透彻一点，如果你是真正坚持大数投资方法的投资人，想挣钱不难，但想亏钱还真是不容易。

这三项交易准则是相互关联的，一项具体的交易可能同时包含三项交易准则的全部内容。同样，投资人在进行交易时，也应该同时考虑这几项准则的要求。不过，这三项准则的核心是降低投资成本准则。股市波动是常态，在股市涨跌波动中，要坚定运用低买高卖的具体交易策略。股价持续下跌时，按永续投资准则持续买进，买进过程中将配置股票的资金比例控制在 2/3 的上限比例，可以保证在继续下跌中持续买进，同时满足了以低买降低成本的要求。股价上涨过程中，按 2/3 比例上限减持那些上涨幅度达到一定基准的股票，满足了上涨时以卖出降低成本的要求，同时卖出资金又为再次低成本配置准备了条件。最终通过逆向投资的良性循环实现提高投资收益的目的。

第六章/*Chapter Six*

大数投资的原理

运用大数投资方法能够获得合理收益的结论，很容易通过回溯结果检验。读者阅读本书时从自己是实际投资人的角度设想一下，按照组合、低估值构建组合和长期持有组合的原则，自己在 5 年前或 10 年前的某个低估值时段，选择沪深股市的相关企业构建了投资组合，现在计算一下就会发现，当时所构建的组合到现在一定有相当不错的投资收益。这里假定读者设想的内容，实际上是统计归纳上普遍使用的，以回溯方法对某种逻辑观点进行检验的方法，即通过已经发生的历史事实对历史事实起点所主张的逻辑进行实证检验的方法。《大数投资》中记载了回溯结果支持该方法有效的内容，同样，本书第一章给出的大数投资方法的实证检验结果，展示了直到 2014 年年底本书写作完成时这个方法有效的最新回溯结果。

尽然如此，人们仍然可能质疑，以回溯结果检验并判断大数投资方法有效，是基于上市公司过去的经营业绩以及相关的经营环境，然而，上市公司未来的经营环境不可能简单重复以往，那么怎么能保证上市公司一如既往地获得良好效益呢？又如何保证大数投资方法能重复有效地使用呢？

这个疑问直接针对大数投资方法的可重复性提出，也间接提出了统计回溯结果在什么条件下有效的问题。一般来讲，针对已经发生的事实而言，统计回溯结果能够作为支持某种逻辑的依据，但是否能够支持该逻辑具有可重复性，则以回溯时间是否足够长以及支持这个逻辑的其他逻辑是否存在为依据。

首先，沪深股市创立以来的20多年，无论是从股市创立起到目前的较长时期，还是这期间的某个稍短一点的区间，都可通过回溯结果证明，以组合、低估值和长期持有的原则投资能够获得合理的投资收益。20多年的回溯结果在一定程度上证明了这个方法有一定的可重复性。国外证券市场的回溯结果也能证明类似方法的有效，第一章相关内容引证了纽约证券市场长期有效的回溯结论，为大数投资方法可重复提供了一定的依据。

其次，过去20多年的不同年份，沪深股市上市公司的数量、资产规模以及经营环境不尽相同，但在此期间上市公司持续获得了较好的经营业绩，运用大数投资方法与上市公司业绩直接相关而获得较好收益的结论，只要能够找出未来上市公司能持续获得较好收益的逻辑，就可以用来支持其可重复的逻辑。支持大数投资方法可重复的逻辑依据是国民经济的持续稳定发展，我国经济发展阶段正处在 GDP 平稳增长的历史阶段，为整体企业以及上市公司保持良好业绩提供了基础，上市公司可以继续保持相对较高的收益水平。

针对大数投资方法可重复性所提出的问题，也是针对大数投资方法原理以及形成这一方法的思想是什么提出的问题。不过，由前面内容的叙述，即使不加明确提示，读者也可以从大数投资方法的具体表述中理解，大数投资方法的原理是科学原理，这同社会活动其他领域的问题可以用科学方法解决一样。大数投资是通过科学方法形成并用科学方法表达出来的投资方法，蕴涵相关科学原理的具体内容。本章所揭示的大数投资的原理，常见于自然科学领域，这一点与第七章大数投资的思想借鉴了自然科学的思想的思维方法一致。大数投资反映了正如自然运行自有其规律一样，人类活动也有其相类似的规则，大数投资是对人的活动规则的反映和主张，但采用的是与自然科学方法一样的表达方法。讨论大数投资方法的原理，主要从以下三点展开：

（1）阐述大数投资为什么是一种科学方法，包括两点内容：一是从方法论上讲，大数投资是通过科学方法发现、构建的；二是从方法的操作表述上讲，大数投资采用的是科学方法。

（2）大数投资方法体现了概率及其应用能够将不确定性转化为确定性的功能，这一功能有助于人们做出确定性决策。

（3）大数投资方法适应证券市场价格变动不可预测的状态，证券市场价格无规则变动不仅不会妨碍，反而有利于采用大数投资获得较好的投资收益。

大数投资是科学方法

科学方法是人们认识和解决问题的系统性方法。人们在认识和解决现实世界的问题时，需要有一定的方法对问题进行思考、决策并付诸行动，思考、决策以及行动的方式与人们采用了什么方法相关联，通常这些方法可以分为因袭方法、权威方法、思辨方法和科学方法。比较而言，科学方法既有助于人们对问题进行客观、实证和规范的概括，得出系统完整和逻辑严密的结论，又有助于总结出可重复应用的操作方法。大数投资方法正是以科学方法构建并可以重复使用的操作方法。

为了理解大数投资方法作为科学方法所具有的优势，下面通过与其他方法的比较进行讨论。

1. 因袭方法及其局限

因袭方法是人们依据约定俗成或共识进行决策和行动的方法，如果约定俗成或者共识的认同边际比较广泛和持久，因袭方法则可发展成一种常识方法。人们日常生活中的大部分活动是经常重复的，在这些经常重复的实践中，人们依赖直接感受和直接经验获得共识和行动方法。在科学领域，因袭方法被认为是人类获取知识不可或缺的方式，任何个人都可通过因袭方法以承上启下的基点继承并开发新的知识。

因袭方法的适用条件有：第一，用因袭方法总结人们的共识以及有效的行动方法需要的时间较长，而且其使用空间又有一定的局限。例如，农谚中有“清明忙种麦，谷雨种大田”的说法，给出了什么季节播种什么作物的恰当结论，指出了农作物生产应根据季节变化所形成的温度变化进行安排的规则。上述农谚所包含的方法贯穿于人们千百年来的农业生产活动实践，尽管如此，由于我国国土幅员辽阔，各地相同季节气温差异较大，农谚说法的有效性与特定的地域相关联，并非适用于全国所有地区。第二，比第一点更为关键的是因袭方法所传承的有效经验或共识必须真实存在。因袭方法所要求的上述条件在证券市场并不完全具备。首先，难以找出投资人或其他市场主体共识的人人都能获得投资收益的方法；其次，与人类千百年持续的社会活动比较，证券市场运行的时间较短，尚不能达到形成投资人共识的投资方法的时间。尽管我们希望，随着沪深股市更长时间的运行，组合投资上市公司获得合理收益的结论最终能够成为投资人以及市场其他主体的共识。

2. 权威方法及其局限

权威方法是人们依据“权威”的想法决策和行动的方法。所谓权威，或者是人们信任、服从的人，或者是人们认同道理的载体。孩提时代父母往往是权威，上学后老师是权威，青少年时期偶像或社会各领域的杰出人物是权威，工作后单位里的领导是权威，甚至某些时候，某本书籍或某种媒体所传达的主张成了人们所信任的权威。人们按照权威方法去思考和行动包含三个方面的内容：第一，人们认为获取一种有效方法的最佳路径是向权威求教。第二，人们往往被动地依据权威的主张而行动。然而，权威方法下的决策目标往往是权威的目标或某一组织的目标而非行动者的目标，因而，权威方法是组织行动的基本方法，其适用性在一定的组织范围内更有效。第三，权威方法是否有效也与在组织范围内是否存在一个权威接受的“正确方法”有关。在证券市场权威方法不适合作为构建投资方法的方法论以及具体方法，是因为上述条件均不完备。首先，证券市场并不是一个具体的组织，不存在一个能够被大家接受的权威化身。其次，每个投资人都有自己独立、主动的投资目标，即使有某种权威存在，也不能保证二者的长期目标一致，权威的主张难以持续执行。最后，即使存在类似于大数投资的正确方法，也未必能被权威接受，并由权威决策成为普遍应用的方法。总体而言，权威方法同样难以作为股票投资的方法论及其具体方法应用。

3. 思辨方法及其局限

思辨方法是指人们运用洞察力和直觉判断提出某种结论的方法。如果人们所要解决的问题并不是经常发生的，或者虽然是经常发生的，但人们仍然没有找到具体的方法，因袭方法和权威方法都不能解决问题时，人们可以通过思辨方法提出解决问题的逻辑或者直接给出答案。艺术、音乐、管理等领域离不开思辨方法，自然科学领域同样离不开思辨方法，思辨方法有两个阶段的思维过程。

爱因斯坦认为，无论是在写作的时候，还是在论述的时候，所使用的单词或语言对他正在进行的思维活动几乎不起丝毫作用，作为思维元素的心理实体只是某些符号以及时而清楚、时而模糊的意象。对他来说，上面所说的思维元素是形象的，并在这种思维过程中，往往还伴随着一些无意识动作。只有当这种思维的前因后果已为他完全确定并能再现的时候，他才去努力寻找表达思想的语言或符号。爱因斯坦的上述说法把思辨方法的思维过程分成了两个阶段：第一阶段是上述以形象为思维元素并伴随无意识动作的思维过程；第二阶段是将第一阶段含糊的思维过程，“用语言或其他符号清楚地、合乎逻辑地表达出来”的过程。

思辨方法是发明创造或科学发现的最重要方法。但是对于构建现实需要的适用性方法来说，采用思辨方法未必能满足需要。首先，思辨方法无论其思维过程，还是其思辨结果，往往与使用方法的主体独立地联系，难以在其他思维主体身上重现，或者说虽然不同主体都会使用思辨方法去寻求解决新的问题或解决问题的新方法，但并不能用思辨方法给出具有普遍意义的具体方法。其次，用思辨方法发现的现象及结论往往还需实证检验或用其他方法证实，而投资实践中当下就需要一个有用的具体方法。而且对思辨结论进行实证检验，意味着思辨方法转化为科学方法。

20 世纪爱因斯坦由思辨方法提出了相对论，爱因斯坦认为光在自由空间中的速度是个常数，约为每秒 30 万公里。在经过水、玻璃等介质时，光速会出现下降，但只要再次返回自由空间，光速就会回归正常。2014 年年底，英国格拉斯哥大学和赫瑞瓦特大学的研究人员进行了一项实验。在实验中，科学家安装了一个特殊“隔层”，单个光子在通过这一装置时，形态会发生改变，而且速度出现了下降。奇妙的是，在通过这一特殊“隔层”之后，即便重新回到自由空间，光子仍会以较低的速度前行。从上面的实例可以看出，思辨方法虽然能够提出新的结论，但其结论在什么条件下成立，仍需实验检验证明。不仅爱因斯坦的思辨结论需要实证检验，英国科学家所做的实验是否成立同样尚需检验，而进一步的检验则将思辨方法带入科学方法中。

人们可以思辨出在证券市场如何投资的任何方法，但投资人需在投资前就掌握具体可行的投资方法，不容花时间等待思辨得出的方法在之后实证检验确立是否可行，更不容以投资实践做投资实验。

4. 大数投资是实证检验证明的并由其他逻辑支持的可重复的科学方法

大数投资成为一种科学方法的理由是：首先，该方法是按照科学方法的方法论构建的。正如上面论述所指出的，在方法论上，科学方法是指通过系统观测而获得知识的方法，由科学方法所形成的结论，既来自于经验，也需要实证检验。其次，大数投资的具体操作方法是按照科学方法表述的。这种表述包括三项内容：第一，给出这个方法的逻辑。大数投资给出的逻辑是，拟合投资全部上市公司能够获得合理的投资收益。第二，这个逻辑通过回溯结果实证检验成立。本书所使用的论据既有沪深股市也有外国市场支持逻辑成立的回溯结果。第三，这个逻辑的可重复性能够被证明。不仅中国沪深股市自创立以来较长时间统计回溯结果对其逻辑可重复性在一定程度上提供了证据，而且更为重要的是，即使不依赖于统计回溯结果，而从沪深股市全部上市公司总体能获得投资收益，拟合投资全部上市公司能够获得合理投资回报的逻辑，也能给大数投资提供可重复的逻辑支持。

笔者最初接触证券投资，受上市公司平均每年有较高盈利这一事实的启发，得出了以上市公司盈利为基础理应获得合理投资收益的结论，再联想到企业盈利来源于企业的净资产这点，有了盯住企业的净资产及其盈利，对所谓证券资产股票的投资完全可以从实业即企业的角度进行投资的想法。但以投资企业的立场投资，最初遇到的问题是企业资产以及盈利的真实性和稳定性难以把握。为探究上市公司资产及盈利的真实性，采用了通常称为价值投资方法所使用的研究企业未来收益即内在价值的方法。为防止自己研究有误，在不同行业挑选了自己认为内在价值被低估的企业进行投资组合，随着投资时间的推移，发现很难通过研究算出企业内在价值的正确结果，但同时也发现，无论算出的企业内在价值的结果正确与否，投资组合中企业整体盈利水平及其净资产增长状况与全部上市公司高度拟合。在思考为什么不同行业上市公司的组合与全部上市公司高度拟合的原因时，自然想到了少数且必要样本能够拟合整体样本的统计法则。在本人 20 年的投资生涯中，早期是无意中按大数投资方法做了投资，之后是非常清晰地按照大数投资方法进行投资。投资初期，也曾拿出少量资金尝试过通过预测价格的技术分析的各种方法进行投资，偶有成功但没有找到可复制的方法。当最终弄清了证券市场价格不可测的原理，弄清了如何通过概率将不确定性转化为确定性的原理之后，不再以任何预测价格的无用功方法投资，不再有任何犹豫地坚持大数投资方法投资。

与因袭方法、权威方法、思辨方法相比，以科学方法构建的大数投资方法体现了科学方法的两个显著特点：一是这个方法具有客观性。这个方法之所以有效与使用这个方法的人没有太大关系，方法的有效性是由这个方法本身所决定的。无论是初出茅庐的投资者，还是有一定经验的专业投资人，只要严格按照大数投资方法所确立的原则及具体方法操作，都能够获得合理的投资收益。二是这个方法在一定条件下具有可重复性，例如在经典力学环境下，牛顿运动定律持续成立，人们可依据其定律从事相关事务。在未来一定时期内，我国国民经济持续保持一定增长以及全部上市公司有一定盈利的条件下，这个方法就可以重复使用。

运用概率将不确定性转化为确定性

大数投资能够成为一种科学方法，还与概率的原理相关，大数投资把概率在决策中科学应用的主要方面都充分体现了出来。概率是用来解决不确定性问题的，概率应用的特殊功能是能将不确定性转化为确定性，或者借助概率原理做与概率事件无关的确定性决策。这是因为概率以及概率应用本身包含确定性的一面。

1. 概率结果有时可事前预知

概率的基本含义是可能性，一般指某种事件发生的可能性，包括两方面的含义：一是客观上事件发生的可能性，二是主观上人们对事件发生认识能力的可能性。首先，由于涉及预测，人们在主观上认为的概率有时会偏离客观概率，从而影响概率在决策中的正确使用。其次，就客观的概率而言，概率有时表示不确定性，有时表示可借助概率转化为确定性，厘清什么时候概率表示确定性并且能预先知道概率的确切结果，有助于正确做出相关决策。

概率能运用于确定性决策，主要体现在：（1）事件发生之前就知道事件的概率结果。（2）概率用于统计归纳决策，而不是用于演绎决策。（3）借助概率博弈事件有助于人们做出另一项本质上与博弈无关的确定性决策。如果人们能够了解作为可能性的概率所具备的确定性一面的结果，无疑能够据此做出科学决策。而大数投资就充分体现了概率所具有的这一特性。

概率的不确定性往往是因为影响概率结果的所有变量未被完全认知，特别是概率可能与某个常数相关，但人们并未意识到。如果人们在计算事件的概率时确知影响概率的相关变量，就能事先算出概率，掌握概率本身确定的一面。借助 1777 年法国数学家所提出的“布丰投针”实验及其相关结论，可以对上述问题进行适当的分析。

布丰投针实验证明了可以用概率计算圆周率的结论，即使用不确定值求确定值的原理。

众所周知，圆周率是圆的周长与直径的比值，一般用希腊字母 π 表示，是一个在数学及物理学中普遍使用的常数。它是一个无理数，即无限不循环小数（约等于 3.141 592 654），也等于圆的面积与半径平方的比值，是精确计算圆周长、圆面积、球体积等几何形状的关键值。在日常生活中，通常都用 3.14 代表圆周率去进行近似计算。当代科学家认为，目前用十位小数便足以应付一般计算。圆周率的计算从实验时期开始，一块古巴比伦石匾（约产于公元前 1900 年至公元前 1600 年）清楚地记载了圆周率 $\pi=25/8=3.125$。同一时期的古埃及文物，莱因德数学纸草书也记载了圆周率等于分数 16/9 的平方，约等于 3.160 5。之后经过几何法时期和分析法时期，人工计算所得出的圆周率数值达到小数点后几百位的长度。在计算机时代，目前有人计算出了小数点后万亿位的数值。

在计算圆周率的各种方法中，18 世纪法国数学家布丰和勒克莱尔所提出的一种计算圆周率的方法给我们理解投资方法带来了根本性的启示。布丰提出的一种计算圆周率的方法是随机投针法，即著名的布丰投针法。

布丰和勒克莱尔提出的“投针问题”，记载于布丰 1777 年出版的著作中：在平面上画有一组间距为 a 的平行线，将一根长度为 l（$l<a$）的针任意掷在这个平面上，求此针与平行线中任一条相交的概率。布丰本人证明了，这个概率是：

$$p=2l/(\pi a)$$

式中，π 为圆周率。

此问题放到今天，再有人提出“投针问题”的概率问题时，显然我们知道应用布丰给出的公式直接算出概率，因为大家早已熟知什么是圆周率，并知道圆周率的具体数值。不过，当时布丰提出这个公式意在揭示，投针中的概率与圆周率存在相关关系，用概率可以计算出圆周率。那么，如果先不使用公式计算概率，绝大多数人很容易想到实验的方法，无非是按照布丰投针所提出的条件进行投针实验。

实验的具体步骤是：

（1）取一张白纸，在上面画上许多条间距为 a 的平行线。

（2）取一根长度为 l（$l<a$）的针，随机地向画有平行直线的纸上掷 n 次，观察针与直线相交的次数，记为 m。

（3）计算针与直线相交的概率为 $p=m/n$。

前面提到，布丰给出计算概率的公式，不是为了计算概率，而是为了通过概率计算圆周率，意图给出用不确定值的概率算出一个常数的方法。布丰提出这个著名的投针问题以后，其他一些数学家做过同样的实验并被记录下来。布丰以及其他数学家的实验证明了可以通过具有不确定性的概率计算出一个确定数值的原理。现在我们可以反向思考的问题是，如果我们了解到一个事件的概率与一个常数关联，而且知道这个常数，那么即使不做关于这个事件的实验，预先也能够计算出相关的概率。

布丰投针实验表明，不同事物之间普遍存在联系，所谓不确定性的概率和确定性的常数之间精妙地联系在一起，而事物间的联系用看似不确定性的概率亦能确切地表达。时至今日，圆周率代表什么、如何计算以及具体数值已经成了常识，布丰所给出的公式可以让我们不必做投针实验，在实验之前就能够依据其与圆周率的关系以及划线间距和投针长度，计算出投针压在划线上的概率。

布丰投针实验的启示之一是，在构建投资组合之前，就可以预先算出不同估值的上市公司选进投资组合中超过平均收益的概率。

大数投资的投资策略给出了 $X=2P-1$ 的绝对胜算投资策略。概率 P 定义为选择不同估值企业构建投资组合，组合收益超过投资沪深全部上市公司平均收益水平的概率。P 值根据 PB、PE 计算得到，其原理则是布丰投针所揭示的，尽管上市公司股票价格经常波动，但作为整体观察的上市公司的净资产却不会随之变化，是个常量。当然，由于组合资产有合理的收益，投资组合中上市公司的期末净资产会高于期初的净资产，如果我们把一年中的盈利作为投资收益对待，即把年初净资产和年末净资产分开对待，那么就可以把组合投资的上市公司期初的净资产作为常量看待，至于加上一年盈利的年末净资产可视为下一个投资年度的常量。这样，组合投资中的净资产类似布丰投针实验中的圆周率，而波动的价格类似于布丰投针实验中划线的间距或投针长短。由于组合投资的净资产是一个常量，就可以计算不同市净率或市盈率下组合投资收益超出平均水平的概率。

2. 概率的确定性体现在其用于归纳决策而非演绎决策中

尽管概率有时可预先计算，但要确保利用概率进行决策有确定性结果，并不是针对单一事件的决策而是针对统计结果的决策。在布丰投针实验中，由布丰给出的公式可以在投针前计算出投针压在划线上的概率值，那么是否能根据概率大小对每次投针压到划线的结果进行判断呢？答案是不能，即使事先算出概率的具体结果，也不能据此判断每次投针的具体结果。

布丰投针实验中，圆周率是个定值，随着投针长度和划线间距的改变，计算出投针压在划线上的概率有时大、有时小，例如有时为 0.8，有时为 0.2，那么是否在概率为 0.8 时认为投针会压上划线，在概率为 0.2 时认为投针不能压在划线上呢？尽管投针压在划线上的概率有大有小，但每次投针结果都是投针压在划线上或不压在划线上，换句话说，投针压在或不压在划线上是投针 100%地压在划线上，或投针 100%没有压在划线上，而不是 0.8 或 0.2 地压在了划线上。概率较大时，投针未必就压在划线上，概率小时投针反而压在了划线上。所以依据概率大小去判断投针是否压在划线上并不能得到一个确定的结果。

这表明概率的大小代表可能性的大小，概率大表示可能性大，概率小表示可能性小，反映了概率用于演绎判断不确定的一面，那么什么时候概率结果可以转化为确定性结果呢？那就是概率用于归纳判断。上述布丰投针实验中假如投针压在划线上的概率为 0.8，那么就可以判断投 1 000 次大约有 800 次投针压在划线上，概率为 0.2 则意味着大约有 200 次压在划线上。尽管此时用大约而不是绝对值表达压线次数，但上述 800 次或 200 次是与实际结果偏离不大的数值。

投资策略中所给出的绝对胜算策略 $X=2P-1$ 中的 P 值，依据估值求出，估值越低，P 值越高，反之则相反。但采用绝对胜算策略所得到的确定性结果，并不是指哪个行业企业估值越低，其投资收益超出平均水平的概率就越高，而是指将不同行业企业组合投资估值越低超出平均水平的概率越高。而由具体估值算出的概率值用来计算这个组合超越平均水平的企业数量有多少，例如由市净率为 1.5 倍的企业构建的投资组合其收益超过平均水平的概率为 80%，则表示因估值低于平均水平，组合中有数量占组合总数 80%的企业投资收益超过平均水平。如果按照这个估值水平构建了大约 30 个企业的投资组合，其中投资收益超过平均收益的企业则大约有 24 家。由此可见，大数投资的策略体现了概率用于归纳决策将不确定性转化为确定性的原理。

这里需要提醒大家注意的是，大数投资策略应用了概率在归纳决策中的确定性功能，也仅仅是对概率在投资策略上的使用。在下面的论述中大家会理解，大数投资作为一种投资方法，是以借助博弈但不参与博弈而制胜的。

3. 借助概率博弈事件可以做出另一项确定性决策

在看似参与了博弈却是常胜将军的赢家身上，人们不应该将赢家视为博弈的参与者。如果有常胜将军的赢家，意味着赢家实质上并未参与博弈过程，而只是借由博弈做了另一件有利于自己的决策。

为了便于理解问题，我们在这里揭示一下博彩公司能够盈利的基本原理。注意，我们这里指的是合法经营的博彩公司，而不是那些非法的地下赌场，这表明参与者是在信息公开的前提下合法参与博弈的。博彩公司常常被解读为博弈中的庄家，庄家赢是利用了信息不对称的优势取胜。下面给出的分析将使大家明白，博彩公司赢的根本原因是其不参与博弈而只是利用别人的博弈经营自己的博彩业的结果，至于博彩经营者对信息不对称或其他心理乃至科技原理的应用这里暂不讨论。

赌球是赌场常见的形式，对一场势均力敌的足球冠亚军比赛，押谁或怎样投注更容易获胜呢？玩家无论押谁都没有太大的获胜把握，但赌场无论如何都会获益，原因是什么呢？例如某届世界杯赛，欧洲劲旅德国队与南美枭雄阿根廷队进入冠亚军决赛，汇集了赛前信息之后，玩家甲大概知道二者取胜的概率各为 0.5，此时通过概率玩家已经无法判断哪支球队胜算更大。正在犹豫之时，博彩公司开出了一个似乎对他有利的赌局，对手承诺，如果甲赌德国队赢，那么好吧，甲的对手就权当是博彩公司，博彩公司赌阿根廷赢，条件是甲花 57.5 元购买 100 元的筹码。如果德国队输了，甲的 57.5 就算白花了；如果德国队赢了，甲可以赢回 100 元。如果另一个玩家赌阿根廷赢，那么博彩公司同样会像对甲一样赌德国赢。

那么谁是这场赌局的必然赢家呢？读者显然明白答案是博彩公司。因为博彩公司从甲、乙两个玩家手里拿到了 115 元，即 $57.5\times 2=115$（元）。而最终支付的是 100 元，一个赌局中只有一个赢家，不管甲、乙哪个玩家赢，博彩公司只支付赢家 100 元即可。从这里可以看到的原理是，表面上是博彩公司分别与玩家赌输赢，而实际上博彩公司根本就没有参与赌局，它只是利用表面上与玩家赌的方式撮合成甲、乙玩家的赌局而已。本质上，博彩公司仍然是企业，只是其经营的服务比较特殊，即经营博彩业，让一些人误以为博彩公司是以赌赢玩家获得了收益。企业赚钱是靠提供产品和服务赚钱，企业收入能够抵消所有成本并有结余，那么企业就赢了。上面的例子就如所有企业盈利的道理，把博彩公司支付的100元视为成本，从不同玩家手里得到的购买筹码的资金视为收入，其收入大过成本，博彩公司就有了毛收入，如果减去各种间接费用和税金仍然有结余，那么博彩公司就有了盈利。

对数据敏感的读者会发现，前面我们举出的例子似乎不妥，博彩公司对甲、乙双方玩家开出的条件对他们都是不利的，因为玩家要先买筹码。如果输，将把购买筹码的57.5元输掉；如果赢，赢回100元，但扣除购买筹码的57.5元，只赢42.5元。显然，如果甲、乙玩家之间有一个共识的概率0.5，上述赌局便无法成局。但真实的情况是，人们在使用概率时会人为修正客观概率，这就出现了前面我们谈到的概率包含客观概率与主观概率的问题，一个是事件发生的真实概率，另一个是决策者自己相信的概率，而后者会将真实的概率估高或估低。来自纽约大学的学者通过根据对纽约出租汽车司机问卷调查计算的事故率与实际发生的事故率之间的对比发现，人们普遍会高估自己的能力而低估他人。在上述例子中，有一部分人会认为德国队赢球的概率是0.6，同样，另一部分人认为阿根廷赢球的概率是0.6，这样，尽管输赢的绝对额对玩家不利，但考虑到赢球概率，玩家们会自行判断并参与赌局。

事实上，玩家们是采用了决策中的期望值决策法做出决策的。期望值是绝对值与概率的乘积，即 $P(E)=P\times Q$。在上面的例子中，玩家认为自己获胜的概率是 0.6，收益是 42.5 元，期望值是 $P(E)=0.6\times 42.5=25.5$，而对手获胜的期望值是 $P(E)=0.4\times 57.5=23$，赌局对自己有利。由于人们通常高估自己的能力，上述看似对玩家不利的赌局往往能顺利成局。

上面分析的是博彩公司如何让赌局成局，通过经营博彩业而不是参与赌博获胜的原理。但赌局真正成局的形式却非上面叙述的形式，如果以上面的形式设局，绝大多数玩家都能直接看到对自己不利的地方，参与赌博的欲望会大大降低。事实上，赌场是以“开盘口”的形式设局的。

下面我们以最简单的一种“让球盘”说明博彩公司盈利的道理。

博彩公司以开盘口的形式设局，开出的“盘口”即“让球盘”，基本规则是“以比分来体现差距”。让球盘均以 90 分钟比赛结果为准，让球盘又包括单票和套票两种。单票指的是一场比赛中一支球队开出一个让球盘，例如：德国队半球/罗马队，则投注者的金额将全部投注在该让球盘的盘口上。套票指的是一场比赛中一支球队开出两个让球盘，投注者的金额将平均分成两份，即一半投注在德国队让半球的盘口上，另一半则投注在德国队让一球的盘口上，而套票还有更复杂的让球盘，总之，盘口五花八门。

让球盘由三个部分组成：参加比赛的两支球队；让球数，俗称盘口，如上例中德国让阿根廷半球；贴水，即比赛结果出来以后，博彩者获取彩金的系数，例如德国队 0.95/阿根廷队 0.9，德国队赢，投注德国队的玩家投注额乘 0.95 的系数就是所赢的全部彩金。亚洲博彩公司让球盘在一般情况下有两种贴水：一种是以澳门博彩公司为代表的，上下盘贴水总和为 1.85；另一种俗称印尼盘，上下盘贴水总和为 1.90。同时，贴水又根据数额的高低分为低水、平水、高水。另外，参加比赛的两支球队俗称为上盘、下盘，其中让球方为上盘。如果盘口为平手，则贴水低的一方为上盘。博彩公司开出让球不同以及贴水不同的盘口其实只有一个目的，让上下盘玩家投注额大致相同。

与前面讨论的赌博公司盈利原理中假定玩家购买筹码占赌注比例较大有所不同，让球盘的玩家只是投注，而不是购买筹码，输的时候输掉投注额，而赢的时候只拿出很小比例的抽水，让赢家感觉赢的比例很大。此外，让球盘可以独赢，即在指定的比赛中投注胜出的球队。如果球赛结果结合让球为平局，那么玩家的投注金额将全数退回，这让赌球在表面上看起来更公平。

德国队贴水 0.95 让半球对阿根廷队贴水 0.9 的让球盘，输赢是以比赛结果结合让球数得出。假设玩家投注了上盘德国队，如果德国队在 90 分钟的比赛中获胜，则不论净胜球是多少都是上盘胜出。如果玩家的投注金额为 1 000 元，那么获得彩金数为 1 000×0.95＝950（元）。如果比赛结果是平局或者阿根廷队获胜，则投注上盘的玩家全输，投注下盘的玩家获得的彩金数为 1 000×0.95＝

950（元）。

上述这个实例是博彩公司业态运营的实际，代表其实际的盈利方式，与前面我们分析常胜将军并不实际参与博弈的原理如出一辙。为了平衡上下盘投注的金额，博彩公司开出让球数以及贴水比例不同的盘口。

这些眼花缭乱的设计使得玩家们意识不到自己有高估自己的错觉，即使输掉，玩家们首先会抱怨自己输掉是不守纪律的结果，意识不到赌场本不参与博弈，玩家的输赢只是发生在玩家之间，时赢时输并最终输掉。至于实例中所显示的上下盘贴水总和是 1.85 而不是 2 的明确无误的数字，玩家们由于精力集中在猜概率大小上，并无意识地换算为期望值大小，全然没有想到玩家赌概率大小而博彩公司并不参加博弈制胜的道理。

与开盘口的赌法不同，人们所了解的饺子老虎机、轮盘赌、百家乐等，形式上更像是赌场作为庄家与玩家对赌，但实质上沿用的还是开盘口的方法，类似于制造了一个虚拟玩家与真实玩家博弈的局，表面上看似虚拟玩家和真实玩家胜负持平，但总体上俩玩家是要另付一笔入场费给博彩公司的。虚拟玩家是博彩公司自己，无所谓输赢，真实付费的就只有真实玩家，结果还是博彩公司以经营赌局而不是参与赌局获胜。更多的以此为基础衍生出的博彩公司以心理学和数学等获胜的内容在此不一一赘述。

应用大数投资方法投资，表面上看，似乎也是与其他买卖股票的人在博弈，但实质上作为赢家的投资人并不需要关注其他投资人如何行动，不需要与其他投资人博弈，而只是借助于其他投资人博弈的证券市场，实现对全部上市公司的拟合投资。只要建立了拟合上市公司的投资组合，这个组合每年都能有合理的收益，而与其他投资人如何博弈完全没有关系。而采取逆向投资、绝对胜算等投资策略，降低成本和永续投资等交易法则，本质上也不是与其他投资人博弈，而是自然而然地借助其他投资人博弈所造成的股市价格波动带来的降低成本的机会，具体做了降低成本的操作而已。

从上述分析中应该明白，股票的组合投资是一项借助博弈平台而并不参与博弈的行为，在投资策略中应用由估值计算的概率进行具体的组合配置，归根到底代表投资过程的策略安排，而非投资本身。

博彩公司虽然不参与赌博，但却需要组织赌博，需要建立博弈平台，而投资上市公司并成为赢家，不仅不需要与其他投资人博弈，连博弈的平台也不需要自己建立。“在别人的道场做自己的修行”可以让众多的投资人因投资而不是炒股获得合理收益。目前沪深股市上市公司已达到 2 600 多家，并且还在不断增加，这个巨大且不断增长的投资平台可以容纳无数的投资赢家。

4. 期望值决策法不适用于投资证券市场的间接投资

依据期望值大小进行决策是人们进行决策的一种方法。在一种情况下期望值决策法常常有效，例如投资人参与经营管理的直接投资。但是，换一种情况下依据期望值决策则不合适。上述例子中玩家必输正是因为在不适用期望值决策的地方却偏偏无意识地使用了期望值决策。期望值决策也不适用于通过投资股票来投资上市公司这样的间接投资决策，原因是期望值决策需要一定的条件，而间接投资的市场并不具备这样的条件。

期望值决策需要什么样的条件呢？期望值决策适用于人为努力可以改变环境的情形。由于结果受环境影响，那么改变环境就可以改变结果。影响结果的环境在某些情形下可以改变，是因为所要改变的环境边际有限，企业等组织有一定的规模边际，企业决策者以及员工的努力能够对企业的经营做出改变。企业决策者通过判断认为，现有影响企业某个经营方案收益大小的环境及其概率结果可以改变，那么企业就可以按照期望值决策法对项目方案的选择进行决策。例如，在管理决策中常常使用决策树的方法，为了便于理解问题，这里并不使用多级决策树的例子，而只使用二级决策树的例子。比如，某家企业有一个投资 1 亿元的项目，现有甲和乙两个投资方案。方案甲成功的概率为 0.6，如果甲方案成功，在可预见的存续期内，能够获得 4 亿元的投资回报。方案乙成功的概率为 0.5，如果乙方案成功，在可预见的存续期内投资回报为 6 亿元。如果以项目成功概率为基准，应选择方案甲，但如果以收益绝对额为基准，则应选择方案乙。

决策者通常使用期望值即依据 $P(E)$ 值大小决策。$P_A(E_A)=E_A\times Q_A$，$P_B(E_B)=E_B\times Q_B$。由上面的公式得出，甲方案的期望值是 2.4 亿元，乙方案的期望值是 3 亿元，决策者选择乙方案。表面上看选择乙方案而不是甲方案是因为乙方案的期望值大，但真实的原因是乙方案成功后其收益大于甲方案。通常来讲，一个投资方案如果成功，就是100%成功而不是0.6的成功或0.5的成功，失败了也是100%的失败而不是0.4的失败或0.5的失败。依据期望值决策是决策者在计算哪种方案收益更大，至于方案成功的概率大小，决策者在决策时认为现有的概率是按照现有条件计算的，今后经过企业全体员工的努力，那些不利的因素将被消除，所谓方案成功与否的概率也会改变。

在管理决策中，决策者常常使用期望值决策法进行决策，一是由管理者的使命决定，管理者的使命就在于做出改变的努力和工作；二是成功的管理者常常是能做出改变的管理者，其改变现状的管理行为使其形成了可以改变环境并影响结果依据期望值决策的思维习惯。

上述在组织管理中所适用的依据期望值进行决策的方法并不适用于证券市场的间接投资决策。首先，从证券市场的角度观察，沪深股市有2 600多家上市公司，投资人数之众有几千万人，任何投资者都无法控制市场的运行，无法控制市场的价格水平并因此获利。即使个别投资人的资金达到了可以操纵个别价格的规模并操纵了价格，管理部门的监管或投资诉讼也会打击其操纵行为。其次，从企业运行及其效益的角度讲，购买股票的间接投资者处于公司经营管理的外部，并不能对公司的经营业绩有实质性影响。如果投资规模大到能够影响企业决策的程度，股票投资则变成了直接投资行为，已不在间接投资的讨论中。

投资伊始，投资人已经知道组合投资的上市公司资产确定不会减少，不仅如此，每年还会以净资产收益和再融资转移价值令其不断增长，这是投资人收益的稳定来源。投资的美妙在于，这一切都是客观存在的，既不需要参与其他投资人的博弈，也不需要自己组织管理这个市场，只要管理好自己别支付太多的成本，甚至可以将自己的有限花销也算作投资成本，在组合投资企业所获得的收益中扣除掉这部分有限的花销成本，总的投资收益水平几乎不受影响。如果严守估值所确定的绝对胜算概率策略以逆向策略构建组合，并通过卖出高估值股票降低投资成本，还能获得超过平均收益水平的投资收益。

证券市场价格不可预测

证券市场价格不可预测是指整个市场股票价格波动和个别企业股票价格都无法预测，还可引申为，虽然投资组合中企业的整体收益水平及其净资产稳定变动，但个别企业收益水平及净资产状况却无法准确判断。尽管人们在投资实践中遇到价格不可预测的不解难题，但仍然心有不甘地尝试采用各种方法预测价格变动，为此，我们在这里把证券市场价格不可预测的原理总结出来，使投资人不再枉费时间和精力做预测价格的无用功。

证券市场价格不可预测的原理是支持大数投资方法的原理之一，遵循这个原理，可以使投资过程更加自然和愉快。因为虽然价格波动不能预测，但价格波动的结果投资人却可以评估，投资人可以在不需要预测价格的前提下，心平气和地根据估值变化进行资产配置，并通过价格波动形成的估值高低变化的机会，以逆向投资思维，通过策略和交易调整所配置投资组合的成本。

妨碍接受证券市场价格不可预测原理的原因，是人们曾接受过价格在一定程度上可以预测的观念，为此这里首先追溯一下受什么影响人们接受了价格可预测的观念，进而讨论为什么这种观念在证券市场行不通。

一、市场价格可预测的由来

按照传媒学家麦克卢汉的观点，人们生来就有预知未来的渴望，只要那些可预测未来的主张稍有一点道理就可能被人们接受。他道出了人们倾向接受未来可预测的心理状态。本书不在此方面展开讨论，而是从与价格可预测直接相关的理论讨论起。

价格可预测的观点与一般均衡论以及微观经济学的均衡价格理论直接相关。

一般均衡论是 19 世纪法国经济学家瓦尔拉斯在他的《纯粹经济学要义》中创立的。瓦尔拉斯认为，整个经济体系处于均衡状态时，所有消费品和生产要素的价格将有一个确定的均衡值，它们的产出和供给将有一个确定的均衡量。他还认为，在“完全竞争”的均衡条件下，出售一切生产要素的总收入和出售一切消费品的总收入必将相等。

均衡价格理论由经济学家马歇尔提出，沿着瓦尔拉斯的一般均衡论的思路，其基本观点是，影响商品需求的变量可以用消费者的收入等变量描述，可以建立关于计算需求量的需求曲线；影响商品供给的变量可以用厂商的生产能力等变量描述，可以建立关于计算供给量的供给曲线。而竞争会迫使需求和供给达到平衡状态，那么由需求曲线和供给曲线的共同解就能大致预测商品的价格（见图 6—1)。

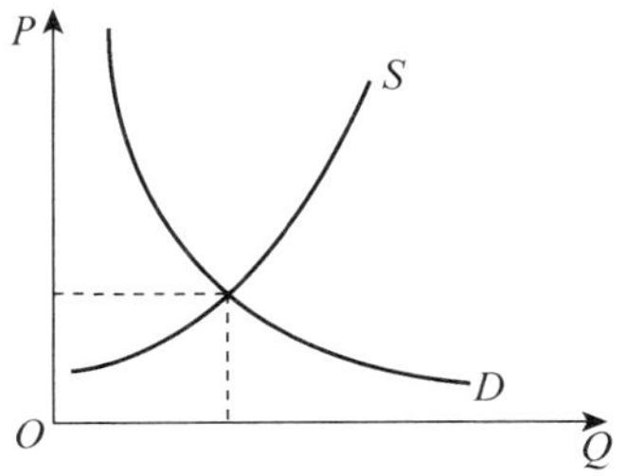

图 6—1 均衡价格示意图

在图 6—1 中，D 代表商品需求曲线，可以用需求与买家即消费者收入等变量的相关关系所建立的方程求出；S 代表商品供给曲线，可以用供给与卖家即厂商的生产能力等要素建立的方程求出。均衡价格是商品的供给曲线与需求曲线相交时的价格，也就是商品的市场供给量与市场需求量相等、商品的供给价格与需求价格相等时的价格。在市场上，由于供给和需求力量的相互作用，市场价格趋向于均衡价格。如果市场价格高于均衡价格，则市场上出现超额供给，超额供给使市场价格趋于下降；反之，如果市场价格低于均衡价格，则市场上出现超额需求，超额需求使市场价格趋于上升直至均衡价格。因此，市场竞争使市场稳定于均衡价格。

如果商品的价格不变，但由于其他影响需求变动的因素变化引起该商品的需求数量的变动，表明有新的需求曲线形成，在图 6—1 中表现为现有需求曲线 D 的位置会发生移动，在其上下可能有多条需求曲线，也叫等可能需求曲线。同样，如果商品的价格不变，但由于其他影响供给变动的因素变化引起该商品的供给数量变动，也会在现有供给曲线 S 上下形成多条等可能供给曲线。

不管是需求曲线还是供给曲线，形状都是平滑曲线，直接表现出的含义是无论是需求量还是供给量都与价格之间存在线性相关关系。但无论是需求曲线方程还是供给曲线方程之所以能够构建，其背后的原因是该商品存在大致可估计需求状况的消费者，即存在收入状况以及需求意愿比较稳定的买家，同时存在大致可估计供给状况的厂商，即生产能力以及供给意愿比较稳定的卖家。

市场上的大多数商品具备均衡价格所表现的特性，所以人们可以根据商品现有的需求和供给状况以及均衡价格原理对其价格变动进行预测。虽然应用均衡价格预测的实践也常常出现偏差甚至很大的偏差，但均衡价格方法仍不失为一种有效的预测方法。价格可预测或价格在一定程度上可预测也逐步被人们接受。但用均衡价格思维看待证券市场的价格预测并不可行，证券市场价格完全不可预测，均衡价格思维甚至连“有略胜于无”的作用都起不到。

二、证券市场价格不可测原理

1. 影响证券市场价格的交易主体具有买者和卖者双重身份

证券市场价格无法预测，并非仅指采用大数投资的投资人无法预知价格，而是市场上的所有投资人都无法预知价格。无法预测证券市场价格变动，既不是因为持有这种观点的投资人能力上不如其他人，也不是因为均衡价格方法出了什么问题，而是证券市场既没有均衡价格形成的条件，也尚未开发出以此为基础的适用证券市场价格变动特点的预测方法。

在证券市场，如果把发行股票、配售股票或增发股票的融资方作为生产者即卖方，把购买股票的投资人作为买方即消费者，可以考虑分别构建二者的供给曲线和需求曲线，然后求出其均衡价格对价格变动进行预测。

证券市场价格变动的复杂性在于，投资者在影响价格变动上有买方和卖方双重身份。关于其作为买方与作为卖方的均衡关系容之后讨论，这里先讨论投资者自我均衡的状态。在与股票价格变动的相互影响上，投资人具有需求和供给的双重身份，难以像消费品市场那样断然确认为买方或卖方。同一个投资人同时既是买方，又是卖方，那么投资人之间的均衡状态如何描述呢？如果建立关于投资人在买卖股票上的需求曲线和供给曲线，就会遇到分不清谁是买方投资人，谁是卖方投资人的难题，这个难题不仅观察者无法解决，甚至投资者本人也分不清楚。

除了可以把刚刚进入市场的投资人视为股票的需求方，把最终决定彻底退出市场的人视为供给方之外，在市场中经常参与买卖的投资人都具有这种双重身份。更令人困扰的是，投资人常常毫无规律地在这两种身份之间转换角色。一个投资人甚至不能把自己确定为是供给方程还是需求方程中的变量。本来早上想好购买股票属于需求一方，但如果当天股票价格出现较大波动，投资人会临时改变主意卖出甚至大量卖出股票，当然相反的情形也会发生。不言而喻，投资人这种角色会对价格波动造成巨大影响，人们甚至不能分清，到底是价格变化引起了投资人买卖行为的改变，还是人们行为的改变造成了价格的大幅波动。

因此，证券市场价格的均衡结果并不是以需求曲线和供给曲线相交点表示，而是以需求曲线和供给曲线永远绞缠在一起的形式表达，这就是人们看到的以股票价格指数或K线图表现的股票价格波动结果。而且无论是价格指数还是K线图都只是对价格变化的一种记录，不具有对价格变动的预测功能。有人以历史可以重演认为，根据K线图过去形状可判断未来形状，主张据此可以对价格变动进行预测，原因在于没有认清证券市场价格无规则变动的道理。世上万物所呈现的形状可以无穷无尽，K线图总能与某种形状相像，这也不过是巧合而已，将此作为可预测价格的理由实在有些牵强。

2. 证券价格影响因素具有多维属性

证券市场价格不可预测不仅因为投资人具有的买方和卖方双重身份，还因为证券价格变动轨迹是多维运动的结果，但现今人们尚未开发出对其运动轨迹多维表达的工具。姑且把证券市场股票价格指数或K线图视为投资者中的买者和卖者在竞争条件下达成的均衡价格。目前各类交易软件或大型电子屏幕所显示价格不过是人为将真实价格变动轨迹投射到一个平面显示而已。

在前面的分析中已经知晓，第一个均衡价格在投资人之间相互博弈的平面中，尽管这个均衡难以实际表达出来，如图 6—2 所示的平面，这里用 POQ_1 表示。从 O 引出一条与 POQ_1 垂直的直线 OQ_2，POQ_2 构成了第二个平面，作为卖方的融资者与作为买方的投资者在 POQ_2 这个平面形成了第二个均衡，真实的股票价格变动轨迹至少受制于两个均衡价格。如果用图形描述，POQ_1 平面上均衡价格曲线和 POQ_2 平面上均衡价格曲线的连线 A_1A_2 就是股票价格变动曲线，预测股票价格变动就是告诉人们下一步曲线怎么变动。

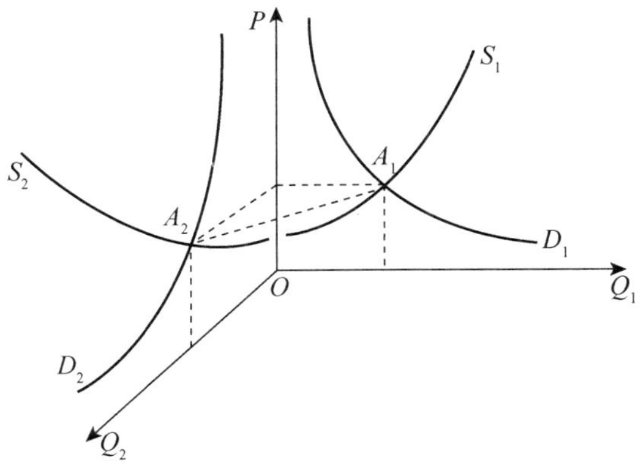

图 6—2　均衡价格多维度示意图

说明：POQ_1 假定为投资人之间买卖形成的均衡价格空间，其中 Q_1 为投资人买方和卖方之间的供求量；POQ_2 假定为投资人和融资人之间形成的均衡价格空间，其中 Q_2 为投资人和融资人之间的供求量。

到此，我们已经清楚知道，股票均衡价格同消费品等其他商品的价格均衡状态有很大的不同。消费品均衡价格可以在一个平面空间加以描述，而股票均衡价格需要在一个立体空间进行描述。不过，我们只是明白了如上所述的股票价格在多维空间变动的原理，但却无法真实描述出来，其他人也没有开发出能够多维表达股票价格真实变动轨迹的工具。图6—2虽然给出了股票价格变动的原理，但却无法给出连线A_1A_2的具体状态，由于投资者具有买方和卖方的双重身份，D_1、D_2曲线并不能以平滑曲线真实描绘出来。由此，股票价格不可预测而不是可预测是投资人不得不面对的现实。

股票价格原本无法预测却偏偏有人坚持价格可预测，因而避免不了投资过程的困顿。每当价格突然暴涨或暴跌时，总有人抱怨涨或者跌没有道理，但如果股票价格长期平稳运行，这些人还会抱怨价格没有理由不动。如果如他们认为价格真的可预测，那么不管长期平稳波动还是暴涨暴跌，他们应该预测到而不应该有对价格波动不理解的困惑。这种矛盾正好反映了价格不可预测的现实和人们认为可预测观念之间的矛盾。

秉持大数投资方法，认清价格变动不可预测的原理，在实际操作中，无论实际价格怎样变化都视为正常，以“价格没道理地变化就是道理”的态度，从容应对价格的任何变化。价格下跌过程中，哪些行业有低估值企业就在哪个行业配置资金，越低配置越多；价格上涨过程中，已经配置的企业股价变动出现大幅降低投资成本的机会就持续卖出所配置的股票，上涨越高减持越多。如此，价格波动的不可预测不仅不是投资者的难题，而且只会不断为投资者带来机会。

三、市场对资源配置更有效与市场价格是否可预测并不是一回事

在经济长期运行实践中，人们发现了市场调节比政府调节对资

源配置往往更有效率的道理，形成了“市场总是对的”的认知，进而变成市场价格波动总是有理的认识。在此，有必要对“市场总是对的”到底是什么含义进行梳理，消除对证券市场价格不可预测原理认识的干扰，避免投资人陷入两难的判断困境。

（1）“市场总是对的”只是对市场价格与供求相互影响调节的运行机制的客观描述而已。正如均衡价格理论所表达的原理，市场上供需双方会围绕价格对供给或需求进行调节，反过来供求也影响市场价格，价格与供求相互影响是一个自然过程，市场就这样运行，无须人为干预。投资人当然不能人为操纵市场价格、干预市场的正常运行，但不意味着资产价格以多高多低交易都正确，恰恰相反，投资人应非常明确地认识到，价格作为市场调节机制无论多么客观，具体的价格对投资主体而言却常常是错误的，同样的资产卖贵了就不是买入的时机。

（2）“市场总是对的”是表达市场调节对资源配置更有效率的结论，由此认为市场调节比政府调节配置资源更有效率。市场既可以理解为商品交换的场所及其对供求的调节机制，也可以理解为资源的配置机制。从以往市场运行的实践中观察，人们逐步发现，与政府行政调节相比，市场价格机制的影响对商品供求的调节和对资源配置的调节更为有效，得出了“市场总是对的”的结论。但投资人应始终牢记，投资的目标是获得合理的投资收益，投资目标的实现与投资对象即上市公司直接联系，而与市场的运行调节无关。

第七章/*Chapter Seven*

大数投资的思想

做对事是人们做事时的基本诉求，而怎样做对事取决于做事方法，方法如何取决于原理，以什么原理构建方法则取决于思想。本章讨论大数投资从科学角度构建的思想问题。

投资者所参与的行动是社会行动，马克斯·韦伯在其《科学论文集》中指出，要想考察任何有意义的人类行动的根本成分，首先应从“目的”和“手段”这两个范畴入手。人们选择投资，投资便成为生活的内容之一。从广泛的意义上讲，投资能够折射出投资者的行为偏好以及人文情怀等人生意义的全部内容。但是，对众多投资者而言，投资的直接意义是要在安全的基础上获得合理的投资收益。大数投资之所以能够成为满足投资者做对事要求的方法，是因为它按照科学原理构建。

投资既涉及人群怎样行动，也涉及投资者个人怎样行动的问题。

投资者要做对投资，是要求自己做对，而不是要求别人做对。对其他投资人应客观地从群体行为去认识，而且应识别哪些是群体中会发生但却是错误的行动，为自觉与群体保持距离、进行自我管理提供科学的判断依据。虽然人人都想赢，但人们还是常常采用背离目标的手段。对于为什么群体会选择背离目标的手段、群体行动的实际状况及其背后的机制是什么的问题，可借助科学方法去认识。在认识群体行动规则的基础上，投资人还要做好自我管理，按照能够做对事的道理而不是仅仅出于主观愿望的目标去选择。世界上的万事万物存在着必然联系是我们对世界的认识态度，也是大数投资方法形成和运用的思想。大数投资的思想所讨论的内容包括两部分：一是对其他投资人的客观认识；二是对自己应该坚持什么的主观态度。

认识自然规律有助于人们更好地认识社会规律

天地恒长，自然界按照自有规律运行，一年中四季交替、变化，各种动植物各有其独特性地生息繁衍，无不将大自然的多端变化及其规律性呈现在人们面前，而人类发展史上无数的科学发现和创造也正是基于对自然界的客观规律有了正确认识的结果。

在自然界的生灵之中，人是最具灵性的生物，是大脑高度发达并有创造力的高级动物，人类创造出自己独特的生存方式，以自己创造的社会形态生存发展。那么，人类是并行于自然、自我创造和进化发展，还是终归是在遵循自然规律的基础上发展呢？是“人与自然”的问题，还是“自然中的人”的问题，这既是我们每个人经常思考的问题，也是构建大数投资方法时遇到的思想问题。当然，仅靠对大数投资方法及其原理的思考，并不能彻底解决这样宏大的命题，但是，对上述问题的思考，有助于为想出正确的投资方法提供坚实的思想支持。思想以及由此所提出的观点和具体方法，只有用于实践检验才知对错，大数投资思想的对与错由大数投资方法的原理以及投资实践的回溯检验验证。这里讨论大数投资的思想，并非是想解决在与相关思想的论辩中谁对谁错的问题，而是揭示大数投资方法形成的背后有人对世界是什么态度的思想支持。有了思想支持，在投资的操作过程中面对具体问题时，才能够泰然处之，才能够自如管理投资过程。

1．从以往的科学研究成果中吸取正确的研究结论

大数投资的思想是做对投资的思想，而怎样想才能想对，从目前人们所积累的研究成果中能够找到可以参考的答案。

关于人、人群以及人类怎样思考、决策和行动的问题，早期哲学家的研究及其观点较受关注，当代自然科学领域的科学家也提出了同样值得关注甚至更受关注的结论。这种持续不断的研究有一个观点备受重视，该观点认为：人群会按照某种规则行动，从人群行动现象的统计结果能够观察到，人的行动亦如自然现象一样呈现出某种规则。早在1784年，康德就普遍法则讲过如下一番话：无论原因是何等含糊不清，我们都希望，如果注意与人的意志自由有关的

大量表现，就能够从中发现有规则的运动。因此，看起来繁复而混乱的一个个单独个体，一旦从整个人类的角度衡量，其原有能力的发展就是稳定而上升的，虽然相当缓慢。人类的生存发展状态归根到底是人类演进的表现，越深入了解人类的进化史，就越能理解人的行为所具有的规则性和运行常态。

由帕森斯所著、集社会科学研究方法之大成的《社会行动的结构》一书，梳理了作为其研究起点的斯宾塞的观点和作为现代观点的马克斯·韦伯的观点。马克斯·韦伯认为，宗教伦理和现代资本主义精神对当代社会发展产生了关键的影响。斯宾塞认为，人、人群以及人类的思考和行动由“上帝”决定（其所指的上帝就是自然进化的原理）。他认为，既然人类的生存发展过程仍然没有摆脱自然进化过程，自然运行的规律也会在人的行动中呈现。但凡有规律的东西必然能从大量现象中观察出来。

当今时代，人类活动对改造自然发挥了日益重要的作用，一定程度上甚至起到了改变自然的作用。计算机、生命科学等的迅猛发展，使人们可以在更大程度上对人自身及环境加以改造，但是，人们仍不能断言，人类的自我创造比自然演化作用更大，毕竟那些看似能较大影响人的行为的成果尚未普遍应用，并且这些产品被创造出来，到底是对自然演化的否定还是自然演化的结果也没有确切的结论。例如，一些科学研究成果证明，目前人们广泛使用的微信恰好契合了人的大脑神经元的联系状态，微信产品不过是大脑中的东西外化在社会联系的应用而已。

大数定律中少数且必要样本数量能够拟合全部样本，抽取的样本越多，抽样越接近整体的结果，不是统计学家创造出了这样的规律，恰恰相反，统计学家只是用一种恰当的方式描述了自然界存在的现象而已。少数且必要数量上市公司组合可拟合全部上市公司，更不是人类创造出有别于自然规律的社会规律，而是抽象掉所谓人性或社会性，从数学或统计学角度观察的社会领域的活动规律，并没有脱离而是恰恰反映出与自然规律相同的表现。

大数法则等统计学原理和方法诞生于科学家对自然现象的观察和描述，之后被引入心理学的研究，再发展应用于社会学和经济学的研究中，表明人们逐步认识到自然规律在社会领域同样发挥着作用，知道了在一定范围内通过自然法则同样能准确地理解人类行动的规则。早在100多年前，德国生理学家威尔海姆·冯特就指出，人们从统计平均值所学到的心理学知识远比从哲学中学到的多，亚里士多德是个例外。意在告诉人们，对大多数人而言，用自然科学方法比纯粹的思辨方法能够更正确地理解人类自己该如何行动。

2. 借鉴人类学研究的成果更好地认识人类的行为机制

人类学的研究证明，人有自私和利他两面性，反映在企业行为上就是企业既要追求自身利益，也会为投资人等利益相关者创造收益。

人是自私还是利他的问题，不仅会难倒许多人，而且判断回答这个问题的社会科学答案之对错也会难倒很多人。社会科学领域的不同学科的研究者都曾尝试给出正确的答案，遗憾的是，人们很难根据答案直接得出结论，似乎还需对答案再研究才能判断。尽管如此，人们仍然不能肯定在研究基础上的判断是对还是错，因为社会科学的答案往往跟研究者的先入之见有关。在管理学里有所谓“人之初，性本恶”的 X 理论、“人之初，性本善”的 Y 理论以及组织文化影响人性的 Z 理论等管理理论，赞同不同观点的都大有人在，其主张也被用于不同的管理理论中，但不管是提出这些观点的人，还是赞同不同观点的人，并不那么肯定自己是对还是错，原因是人们很难判定自己的观点到底是基于真的认识了人的本质，还是出于接受了某种观念所作的判断。不过，如果我们看一看科学家从人类进化过程所总结出的结论，则更容易接受也更容易清楚地理解为什么接受自然法则在人类活动中同样起作用的观点更有利于人们对现实世界的认识，为什么从科学方法及其具体的统计规则以及背后自有其自然法则起作用的角度，更容易理解和运用这一方法。

研究人类起源的直接证据来自于化石，人类学家运用比较解剖学的方法，研究各种古猿化石及人类化石，测定它们的相对年代和绝对年代，从而确定人类化石的距今年代，以及人类的演化历史大致划分为几个阶段。遗传学家运用生物化学和分子生物学的方法，研究现代人类、各种猿类及其他高等灵长类动物之间的蛋白质、脱氧核糖核酸（DNA）的差别大小和变异速度，从而计算出各自的起源和分化年代。目前，学术界一般认为，古猿转变为人类始祖的时间在 700 万年前。人类学家等还发现，在古猿将要转变为人类始祖的同时代，还有如大猩猩、黑猩猩等另外与古猿相近的动物存在，目前有科学家将他们统称为“人科动物”。历经几百万年沧海桑田的变迁，古猿经过四个阶段的演化，即南方古猿阶段、能人阶段、直立人阶段和智人阶段的演化，在解剖结构上与现代人相近的智人出现了，并最终进化为现代人。

南方古猿进化为现代人，而大猩猩、黑猩猩以及类人猿基本停留在几百万年前的进化阶段。是什么原因导致了这一结果呢？人类学家根据南方古猿和大猩猩等头骨化石推断出，南方古猿所具有的合作行为促进了大脑的发达。那么又是什么导致古猿有合作行为而大猩猩等却做不到呢？科学家发现，古猿两腮的啮齿肌不如黑猩猩等有力，导致古猿猎取食物的能力远不如黑猩猩等，靠个体的单打独斗难以获得足够生存的食物，为此，古猿就采取了彼此合作猎取食物的方式，合作以及由此而形成的合作与分工的相互作用促进了古猿的进化，分工与协作也是现代人日益进步的最重要的生产和生活方式。

科学家还注意到，相较于黑猩猩等其他人科动物，古猿两腮啮齿肌不够有力，源于头盖骨上肌肉的牵拉不够有力，而这是由于古猿的头盖骨较薄所致。古猿头盖骨较薄，大脑因此较大，而正是这一小小的差别开启了古猿向现代人进化，而其他“人科动物”依然沿着固有路径进化的历史。

科学家推断，合作意味着人类祖先在进化到一定阶段开始了利他意识和行为，合作又导致分工，合作和分工的彼此循环延续了人类的利他意识和行为。人满足自身需求行为的开启以及深化的活动方式，决定了人具有利他和自私两面特性而非仅仅具备自私或利他的单一特性，两面性开启了古猿向现代人的进化，进一步促进了现代人的进化。大猩猩等“人科动物”不具利他性而无法进化，大脑的智能水平仍然停留在几百万年前那个久远的年代。几年前牛津大学的学者通过对黑猩猩行为的实验观察，得出了支持上述观点的结论。

实验人员用铁栅栏将一个房间一分为二隔开，将食物放置在一块长长的木板上，木板两端分别系上两条绳子，并被拉到透过铁栅栏的房屋的另一面，同时将两只黑猩猩关进与食物隔开的这面。实验开始时，食物被放置在木板中间，两只黑猩猩一起拉动绳子，木板被拉到铁栅栏前，两只黑猩猩分别抓到食物吃。后来实验人员改变条件，将食物放置在木板的一端，这时两只黑猩猩拉动绳子，把食物拉到了那只靠近食物端的黑猩猩前面，接下来发生的事情让实验人员理解了之前的猜想，靠近食物端的黑猩猩并没有与另一只黑猩猩分享食物，即使有剩余食物时，这只黑猩猩还是不肯将到手的食物让给另一只黑猩猩。实验人员将上面的实验再做一次，依然将食物放置在同一端，上次没有得到食物的黑猩猩再也不配合另一只黑猩猩拉绳子。

通过这个实验，我们可以对自私性和利他性再做一个总结。所谓自私性，是生物首先满足自己需要的生物属性，而利他性是满足其他生物需要的生物属性。开始实验时，两只黑猩猩一起拉绳子，表面上看来是彼此在合作，但后来的实验证明并非如此。第二次的实验表明，黑猩猩的行为只关注满足各自需求，而不是彼此的需要，拿到食物的黑猩猩并没有与另一只黑猩猩分享食物。第三次实验进一步证明了黑猩猩没有利他性的属性，那只没有拿到食物的黑猩猩再也不与另一只黑猩猩合作拉动绳子。

上述实验把先前人类学家所推断的古猿具有自私和利他双重特性，而黑猩猩等只有自私性而无利他性的结论证实了一半，并在逻辑上论证了另一半。

科学家推断，如果将黑猩猩换做两只古猿结果会很大不同。开始的实验表面上古猿与黑猩猩的表现会一样，合作拉动绳子，然后分别拿到食物。第二次试验时，食物被拉到靠近一只古猿的地方，就近拿到食物的古猿首先会满足自己的需要，如果有剩余他会将食物让给另一只古猿分享。第三次重复与第二次相同的实验，不管其中的一只古猿上一次是否得到了食物，他都会一如既往与另一只古猿合作，古猿不仅有首先满足自己需要的自私性，也有满足其他同类需要的利他性。

发生在人类进化史上的重大事件也给了人在进化中不断强化利他性的有力证据。人类由古猿进化到智人时，还进化出与智人相近的另一支人类祖先，就是尼安特人。人们曾经认为，目前欧洲的某些人是尼安特人进化而来的。目前比较一致的观点是，尼安特人在与智人的竞争中被彻底淘汰，在现代社会完全不复存在，不管现代人是哪种肤色，都来自于智人这个共同的祖先。人类学研究发现，本来尼安特人比智人有更好的体能，更高大威猛，但结果却在与智人的生存竞争中被淘汰，原因是什么呢？由于体能不及尼安特人，靠单打独斗智人显然不是尼安特人的对手，因此伏击等以智取胜的策略以及协同作战成为智人更乐意的选择。与此相反，尼安特人合作的意愿和合作策略的运用不及智人，其在生存进化中被智人淘汰的命运不可避免地发生了。利他性与自私性的更好平衡促进了智人的进化，使其演化为现代人。

当今社会，人们积极主张赞美和褒奖利他行为，并不是因为人们否定人性有两面性，恰恰相反，人们希望通过这种赞美，使群体中的更多人能够弘扬利他行为，或者希望通过这种赞美，使群体中的每个成员倾向于抑制自私行为而发扬利他行为，从而有利于群体的生存和发展。

邓小平曾指出，制度好可以使坏人无法任意横行，制度不好可以使好人无法充分做好事，甚至走向反面。这表明他没有把人简单分为好人、坏人，而是正确理解了人有两面性的人性本质。既然人有两面性，合作才能抑制自私性、弘扬利他性。强调制度建设重于人治，是因为制度是由人群创造的共同治理的合作机制，共同治理才会有利于弘扬利他性并有利于人群整体的生存和发展，避免人治所造成的个体治理诱发更多的私利行为。

人的本性没有差异，但人的社会性却表现出千差万别的不同。每个人出身家庭的不同，所受教育环境的不同，所属组织运行管理的不同，会影响到人的行为有所不同。由这些有差异的人所建立的企业表现也会千差万别，但我们仍然不用担心，无论是个人出现错误，还是个别企业经营失败，都不会改变人类整体竞争而又合作的总体趋势。与数百万年进化而来的人的本性相比，任何个人和企业的表现都只是表象的差异而已。除非发生突变改变了人的自然属性，就现实而言，有利他性的企业一定会为投资人创造必要的收益。

3. 像解数学题一样投资

从统计结果上，我们已经知道，全部上市公司的收益水平高于同时期未上市企业的收益水平。在未给出具体的统计结果之前，我们先来思考一下，下面哪个答案是正确的，是单选还是多选。第一，上市公司是从众多公司中遴选出来的，当然比较好；第二，上市公司运行及监管更加透明，多一点阳光，成长应该更健康；第三，上市公司享受了比非上市公司更加优惠的税费待遇。如果仅从思辨逻辑去思考，上述三点似乎都合乎情理。但我们不免觉得似乎哪里不合适，因为上市公司有那么多有利于效益提高的因素，是否效益应该比现在的实际数据更高一点呢？疑问是有道理的。由统计结果知道，在过去的20多年间，上市公司每年得到的税费减免优惠以其净资产为基础统计平均有2%，这就不难理解为什么过去20年间上市公司每年平均收益水平高于非上市公司2%。上市公司有较好的收益水平，是上市公司税费优惠所带来的相对成本降低。上述所谓遴选机制或者特别监督机制能保证上市公司有较好收益并非真命题。这再次印证，企业整体如何是时代背景的产物，而非由个别或少数企业的个别特性所决定。

由此，投资者可以更坦然地面对自己投资的上市公司。首先，投资人不必担心全部上市公司整体会发生什么不测，如果真的发生了，其他人要面临同样的问题。作为人群中的一员，每个人的命运都由时代所决定，共同担当也是每位成员无法回避的选择。其次，投资人也不应有非分之想，上市公司所享受的税费优惠待遇，以及由此带来的较低成本和较高收益，已经令间接投资上市公司的投资人在投资的起点上占尽优势。

全部上市公司的整体表现正好印证了人们具有自私和利他双重属性。个人和企业组织都因循人类亘古以来的进化法则而运行，不利己就没有企业被创造出来，企业只利己不利他，会被社会自然淘汰。企业这种作为资源配置并为社会提供产品和服务的经济主体自诞生以来，越来越成为经济活动中基本和重要的主体。双重性确保整体企业会努力做好自己的经营，并为投资人带来必要的收益。我们投资上市公司，不需要个别地猜测哪个企业是自私的，哪个企业是利他的，企业作为营利性组织，与整个社会在相互合作与竞争中，自然会共生共存。企业整体的生存与发展毋庸置疑，投资全部企业持续获得合理收益同样毋庸置疑。

投资人按照大数投资所给出的具体操作方法，将日常的买卖行为当作解数学题即可。哪个行业出现低估值企业，就将投资资金进行相应配置，估值越低配置越多，大多数行业配置到总资金的3%以后，由估值变动机制作用自然会停止向下波动。在满足市盈率和市净率两个指标要求的基础上，即使极少数行业在市净率1倍后继续下降，其幅度也不会太大，由绝对胜算策略所给出的结果配置比例增加也有限。

将日常的投资作为解数学题对待，买进根据组合和估值的要求及其具体标准进行，卖出亦然。任其市场价格波动，不必对影响价格波动的因素进行分析，更不必猜测哪些因素导致未来的价格波动。投资这道数学题之所以解题简单，原因在于尽管其原理可复杂解读、可简单解读，但操作方法却相对简单。

那么，这样做，投资人是否失职于企业的监督责任呢？企业从根本上讲是为满足社会生存和发展而存在，具体是通过满足消费者的需要而实现的，企业的行为应该由消费者对其产品或服务的选择去影响，而不是由个别投资人去干预。

以往我们常常见到以“人与自然”这样的表达来描述人的行为，虽然没有大的歧义，但还是容易误导我们，似乎人类与自然是并行的系统，人类有能够脱离自然规律的社会规律。在理解了自然规律决定人的行为后，在描述人和自然的关系时，我愿意使用的表达是“自然中的人如何”，而不是“人与自然如何”，以此作为对自己的忠告，也希望对大家理解大数投资的思想有所帮助。

以科学方法解构现实问题也有其局限性，那就是我们所要讨论的问题是在一定的边际范围内，在这个边际内，我们可以确定什么决定什么，超出这个范围，科学也给不出明确的答案。在后面的讨论中，我们也会看到这个有趣的话题。人类学家通过科学方法，发现了古猿经过智人等阶段的进化，超越了同时期其他几支人科动物演化为现代人，但没能进一步弄明白是什么使古猿头盖骨变薄。大数投资适用的边际条件是只要人类生存，投资于全部企业就有合理的投资收益，由此也可以进一步理解将大数投资称为终极价值投资的意义。

人类所受的伤害亦来自于人类进化的不完美

众所周知，整体而言，战争并没有给人类带来益处，但当今世界还是处在战争或战争威胁的残酷现实中。最近几年，世界每年用于军事事业的支出总额为 2 万亿美元左右。如果人类有足够的智慧消除战争和争斗，每年所节省的军事开支可以满足当年所有人口的粮食需要。遗憾的是，无论个人如何反对战争，无论人们怎么协调，还是不能消除这些整体无益的军事活动，这也反映出人类进化过程的复杂和不够完美，反映出人类在进化过程中不断用利他性去平衡自私性，但却没能更有力地遏制自私性的现实。在接下来关于异化的分析中，我们还会进一步发现，人类社会的不完美除了受自然属性影响外，还受到社会属性的影响。不过，虽然我们每个人都明白这样的道理，但也知道仅凭一己之力，在短时间内并不能做出较大改变，那么，眼光投向自己，弄清上述不完美在个体身上是怎样表现的并采取相应措施，则是可行的办法。对此，分析个体在信息收集和处理上的局限所反映的自然属性的不利表现，有助于人们采取相应的正确措施。

首先，人们了解相关信息时，偏向于靠直觉而不是使用科学工具，不能做到完整收集信息。其次，无论人们能否获得全部信息，人们对信息的接受都是选择性的，即人们对自己所能感知的信息也不是照单全收，而是根据自己的偏好对信息进行过滤选择。在投资领域，前者导致“幸存者偏差”现象及其对投资者的他欺，后者导致“选择性记忆偏差”现象及其对投资者的自欺。

1. 防止“幸存者偏差”造成他欺

“幸存者偏差”是指人们所获得的信息仅来自于幸存者时，所获得的信息是一种与实际情况不同的偏差信息，这些偏差信息会误导人们。

“幸存者偏差”有两种情形：一种情形是与幸存者采用同样方法的人因失败后销声匿迹不为人知而产生误导；一种情形是幸存者采用的方法与其所宣称的方法并不一致而产生误导。

这两种情形都常见于投资理财的节目或文章中，例如当投资理财电视节目仅邀请投资成功者上节目谈论其成功投资经验时，观众会将该成功投资者的投资方法视为高成功率的投资方式，但观众并不会在电视节目看到更多以相同或类似投资方法投资，但最后失败的投资者，因而可能错误地选择这种投资方法。

能够说明“幸存者偏差”的最好分析材料最初来自于关于空战分析的例子。简单来说，一些专家根据返航飞机翼部和尾部等位置中弹最多的特点，做出如果要强化飞机装甲，应该强化翼部和尾部的结论。但如果仅仅根据返航的飞机上的弹孔分布，来研究该加强飞机的哪部分时，就忽略了“飞机被击落”这个筛选的过程。也就是说，能返航的飞机都是躲过防空炮火打击的没有受过致命伤的。它们多中弹于翼部和尾部，而油箱和驾驶员舱位完好，这恰恰说明翼部和尾部不是致命伤。那些油箱和驾驶员舱位受损的飞机基本没有幸存回来的，因此油箱和驾驶员舱位才是真正致命的地方，这些部位受损的飞机却因为被击落而被剔除出研究样本，从而变成了“不会说话的死人”，或“沉默的数据”。

“幸存者偏差”的例子在证券市场俯拾即是，不必一个个罗列那些具体的例子。总体而言，在国内外的统计中都可以看到的事实是，那些号称能够打败市场的机构投资者实际上跑输了无为而治的指数基金。查尔斯·艾利斯、约翰·鲍格尔等在美国证券市场所做的统计结果，以及中国沪深市场的统计数据都具体印证了上述结论。如果不是偏差而是有规律的结果，那么每年在胜负排名中排名靠前的名单应该是稳定的，当然这也意味着，其他排名也应该是稳定的，但事实不是，证券市场投资榜排名的表现是“风水轮流转，今年到我家”的局面。尽管如此，那些胜出者所展示的偏差结果仍被误认为是有人有特别的能耐。由此可见认识到“幸存者偏差”所造成危害的严重性是多么重要。

2. 警惕“选择性记忆偏差”造成自欺

选择性记忆是指人们对以往发生的事情选择对自己有利的内容进行记忆的机能。对自己有利的事既包括自认为做得好的事，也有他人评价自己做得好的事。选择性记忆机能是人类的一种生存智慧。通过选择性记忆机能的过滤，人们可以忘掉更多对自己不利的事，以平常心面对生活。俗话主张“人生不如意之事十之八九，当常思之一二”，也是从主观上劝导人们忘掉不快，多回忆快乐。设想一下，如果人们对生活中所发生的事情不分好坏统统记忆，那些不快之事萦绕于脑海，必然容易导致自己常常陷入痛苦之中甚至崩溃。

选择性记忆机能虽然总体而言对人们的生存有利，但对投资者却可能带来伤害，它会误导投资人高估自己选择企业的能力，误认为自己可以选到更好的企业。如果说“幸存者偏差”是别人的原因导致的所谓他欺的伤害，“选择性记忆偏差”则是人们自身原因导致的自己对自己误导的自欺伤害。

无论选择何种投资方法，投资结果自会告诉投资人相互之间的优劣。不过，由于“选择性记忆偏差”的影响，投资者常常回忆起自己那些有较好收益的得意投资而忽视全部投资结果，自己误导自己。

“好记性不如烂笔头”，投资过程中，投资人尽量多回顾那些完整的买卖记录及全部投资过程，以具体数据而不是记忆内容对自己的投资进行完整分析，坚持依靠方法正确而不是主观判断取得成功的态度。

健康生活远离异化

异化是从社会性活动对人的影响的角度讨论的。异化是指人所创造的东西不由自己支配反而支配人并伤害人自身的现象。除天性的影响，人们的社会行为受观念、直觉和习惯支配，在这些方面人们都可能创造出对自身有伤害而非福祉的东西。观念上的拜物教、行为迷失和习惯上的恶习这三个方面的异化在投资中同样会伤害到投资人，有勇气直面异化就可能避免受到伤害。

1. 摆脱拜物教

拜物教是指人们对名和利的膜拜。有所追求是人及社会进步的动力，社会为此在各个方面建立起相应的奖惩机制鼓励追求和进步。但是，社会鼓励人们有所追求并创造出相应的运行机制，其初衷从根本上讲是为了每个人的健康发展和社会的进步，但人们过度追求并变成对名和利的无限追求，反倒造成人们强迫性而非意愿性的行为，对自己造成伤害。

人类在经济长期运行中，创造出资本市场这种间接投资的资源配置方式。从融资角度看，社会更容易积聚和积累资金，使资源更快地配置到社会所需要的领域，生产出人们所需要的产品和服务。从投资角度看，无论是世界上运行 100 年以上的资本市场还是中国 20 多年的沪深股市，结果都表明上市公司创造了比同时期其他企业更高的收益水平。投资人如果从获得合理收益的角度去考虑投资，自然可以获得投资收益。遗憾的是，许多人是以获得更多收益，即追逐更多的名和利的拜物教理念参与证券市场的。全部上市公司每年创造的产品、服务是有限的，相应的利润水平虽然超过同时期的其他企业，但总量是个大约的定数，并不会随着投资人买卖股票交易量以及价格波动而有大的改变。

总体而言，投资人的频繁交易对于自身并没有益处，相反却会伤害到投资人。2014 年下半年以来，沪深股市每天成交量骤然增加，每天几千亿元甚至上万亿元的交易量需要支付超过 10 亿元的税费成本，全年可能产生 2 000 亿元以上的税费总额，如果加上投资人参与投资的间接成本支出，总的交易成本会更多。目前全部上市公司利润总额 2 万多亿元，投资人仅交易成本支出占全部上市公司利润总额的比重就超过 1/10，如果考虑复利收益效应，交易给投资人造成的损失是巨大的。拜物教的思维使许多人只是一门心思寻求利益最大化，而不是从可能性考虑问题。

2. 走出迷失

迷失是指人们无法判断自己行为对错而跟着感觉走的状态。跟着感觉走并不总是错误的，但有时也会造成对自身的伤害。

从逻辑上讲，如果投资人以假定战胜其他投资人为前提获得收益，那么这个逻辑很难成立。因为每个投资人都无法了解其他投资人，无法比较谁更具博弈优势。人们在无法了解其他投资人的前提下就贸然确认自己能够战胜对手，显然并不明智。所以作为投资起点考虑，投资人认为自己能够获得收益的前提应该是，所投资的上市公司能够给投资者带来投资收益。虽然投资人是以投资上市公司能够获利为出发点，但进入市场之后常常会变成考虑以战胜其他投资人来获利，这里面促成转化的机制之一就是人的迷失。

迷失由人们在社会活动中形成的思维定式强化了自然属性的局限所致。一是受心理定式的影响。心理定式指心理上的“定向趋势”，它是由一定的心理活动所形成的准备状态，对此后的感知、记忆、思维、情感等心理活动和行为活动起正向的或反向的推动作用。二是受思维定式的影响。思维定式通常也称“惯性思维”，是由先前的活动造成的一种特殊心理准备状态或倾向性。迷失导致人们或者不太知道自己真正需要什么，或者不知道自己该怎样行动，只凭着定式以跟着感觉走的方式行动。

迷失可能纯粹是人们无意识行为的结果。有些人有网络就沉迷在网络中，有新的手机出现就赶紧换掉旧的手机的做法，往往不是需要而是迷失的结果。

迷失也与人们长期受组织化行为的熏陶有关。人们从家庭活动开始所接受的理念是，人在组织中与组织保持一致才容易生存和发展，在保持与组织行为一致的前提下寻求个人利益自然成为人们的思维定式。迷失也可表达为“顺潮流者昌，逆潮流者亡”的定式思维。

然而，在投资领域，众人的行为往往可能不是潮流，而是逆流，逆众人的行为反而是顺应潮流的行为。首先，从上市公司净资产及其利润的角度讲，交易并不能增加任何价值，而从股票价格角度讲，虽然价格上涨能带来短期收益，但价格涨到不能再涨反向下跌时还是会造成损失。无论从资产及利润还是以价格计算的收益讲，交易根本上不能带来收益，沉迷于交易是应当摒弃的行为。其次，上市公司的净资产及其盈利不仅数量有限，而且短期不会有较大变化，但其股票价格却变化很大。同样的资产一会儿卖很高的价格，一会儿卖很低的价格，完全是无道理的变化。投资者如果清醒而不是迷失，就应该依据估值标准逆向操作。

3. 以好习惯消除恶习

恶习难改是人们常常听到的说法，指个别人的不良习性常会造成对他人的伤害。本书所说的恶习是指人们不良的行为习惯。人生最为宝贵的是身体的健康，但人们的一些习惯却容易造成对自己健康的损害，变为一种恶习。随手打开电视机将几个小时的时间消磨在无聊的肥皂剧上，稍有闲暇就禁不住翻看微信，花大量时间漫无目标地在网上浏览，都可能在不经意间损害健康，对恶习显然不能等闲视之。恶习也可能由迷失所导致或者与迷失交织在一起，其危害也可能更大。频繁操作是投资中的最大恶习，不管是对着交易屏幕随便敲打键盘买卖，还是依据所谓消息、概念、题材等确定理由买卖，频繁交易都会极大损害投资人的收益。一个显而易见的事实是，频繁交易必须付出较多的税费成本，不管是想依靠上市公司盈利而获得投资收益的投资人，还是企图以股价上涨获得投资收益的投机者，频繁交易对他们所造成的损害结果是一样的。

即使是想通过企业盈利获利的投资人，如果有频繁交易的恶习，最终也不能成为真正的投资人。一是交易的税费成本直接减少了投资收益；二是将资金配置于不同行业的企业构建投资组合，是基于随机抽样原理构建投资组合，不管是随意还是有意的频繁交易，都会违反随机抽样原理的正确运用。20 世纪 40 年代，冯·诺伊曼等人发明了蒙特卡罗方法，又称随机抽样实验方法，即当所求解问题是某种随机事件出现的概率，或者是某个随机变量的期望值时，通过输入一组随机数据实验模拟求解实际结果的方法。蒙特卡罗方法强调，如果必须输入一个模式中的随机数并不像设想的那样是随机数，那么整个模拟及其预测结果都可能是错的。

虽然我们是从人们的社会活动角度讨论了异化现象，但到目前为止还没有办法证明，异化是自然进化的现象还是人们社会性活动的产物。从进化的角度讲，也很难确定异化是人类进化淘汰机制的一部分，还是进化中的不和谐机制。从社会性行为讲，人们还没有建立起对所有人都至善至美的社会及其活动方式，要消除整个社会的异化现象是人类发展中需长期努力的工作。较之对整个社会的改造和完善的难度，人们通过自我管理来避免异化伤害的难度会大大降低。自我管理之所以比消除社会异化容易，原因在于自我管理是通过自我控制让不该发生的事情不发生，而消除社会异化却需对整个社会运行环境加以改变才能实现，显然是个人能力难以企及的。

选择用大数投资方法投资，基于方法有效而非具体到哪个人使用有效的客观认识，从方法使用的起点就设定了将拜物教的影响降到最低限度的前提；以拟合投资全部企业并以此获得企业平均收益率的认识，使得投资人不会迷失在与其他投资人博弈而获胜的错误中；投资策略以及具体的交易方法是基于降低投资成本的考虑并且有具体的数量标准，其具体操作是按照具体标准执行的，可避免随手敲键盘的错误习惯即恶习。

参考文献

BIBLIOGRAPHY

1. ［英］弗里得里希·奥古斯特·冯·哈耶克著，王明毅等译. 通往奴役之路. 北京：中国社会科学出版社，1997.

2. 王晓林. 证伪之维——重读波普尔. 成都：四川人民出版社，1998.

3. ［美］本杰明·格雷厄姆，戴维·多德著，邱巍等译. 证券分析. 海口：海南出版社，1999.

4. ［美］本杰明·格雷厄姆著，王大勇，包文彬译. 聪明的投资者——关于证券的实用指导书. 南京：江苏人民出版社，1999.

5. ［美］乔治·索罗斯著，王宇译. 开放社会——改革全球资本主义. 北京：商务印书馆，2001.

6. ［美］约翰·C·鲍格尔著，王晓峰译. 共同基金常识. 上海：百家出版社，2001.

7. ［美］彼得·林奇著，骆玉鼎等译. 战胜华尔街. 上海：上海财经大学出版社，2002.

8. ［美］伯顿·麦基尔著，骆玉鼎，彭晗等译. 漫步华尔街. 上海：上海财经大学出版社，2002.

9. ［美］提摩西·维克著，李东，张戎译. 不战而胜——价值投资法. 上海：百家出版社，2002.

10. ［美］T. 帕森斯著，张明德，夏遇南，彭刚译. 社会行动的结构. 上海：译林出版社，2003.

11. ［挪威］拉斯·特维德著，周为群译校. 金融心理学. 北京：中国人民大学出版社，2003.

12. ［美］沃伦·巴菲特著，劳伦斯·A·坎宁安编，陈鑫译. 巴菲特致股东的信. 北京：机械工业出版社，2004.

13. ［德］乔齐姆·高德伯格，鲁狄格·冯·尼采著，赵英军译. 行为金融. 北京：中国人民大学出版社，2004.

14. ［美］罗伯特·J·希勒著，廖理，范文仲，夏乐译. 非理性繁荣. 北京：中国人民大学出版社，2004.

15. ［美］欧内斯特·内格尔著，徐向东译. 科学的结构. 上海：上海译文出版社，2005.

16. ［澳］马克·泰尔著，乔江涛译. 巴菲特与索罗斯的投资习惯. 北京：中信出版社，2005.

17. ［法］古斯塔夫·勒庞著，冯克利译. 乌合之众. 北京：中央编译出版社，2005.

18. ［美］约翰·S·戈登著，祈斌译. 伟大的博弈. 北京：中信出版社，2005.

19. ［美］高奇著，王义豹译. 科学方法实践. 北京：清华大学出版社，2005.

20. ［美］帕特·多尔西著，司福连，刘静译. 股市真规则. 北京：中信出版社，2006.

21. ［美］杰里米·J·西格尔著，李月平等译. 投资者的未来. 北京：机械工业出版社，2006.

22. ［美］阿尔文·托夫勒，海蒂·托夫勒著，吴文忠，刘微译. 财富的革命. 北京：中信出版社，2006.

23. ［美］肯·威尔伯著，许金声等译. 万物简史. 北京：中国人民大学出版社，2006.

24. ［美］纳西姆·塔勒布著，盛逢时译. 随机致富的傻瓜. 北京：中信出版社，2007.

25. ［美］伊曼纽尔·德曼著，张戬译. 宽客人生——华尔街的数量金融大师. 北京：中信出版社，2007.

26. ［美］彼得·林奇，约翰·罗瑟查德尔著，刘建位，徐晓杰译. 彼得·林奇的成功投资. 北京：机械工业出版社，2007.

27. ［英］菲利普·鲍尔著，暴永宁译. 预知社会. 北京：当代中国出版社，2007.

28. 齐东平. 投资企业法——股市安全投资指南. 北京：经济

日报出版社，2008.

29. ［英］詹姆斯·莫顿著，杨晴川译. 巅峰投资家. 北京：中央编译出版社，2008.

30. ［美］纳西姆·塔勒布著，万丹译. 黑天鹅. 北京：中信出版社，2008.

31. ［美］戴维·迈尔斯著，章崇会译. 直觉——你所不知的潜力与危害. 北京：中国人民大学出版社，2008.

32. ［美］迈克尔·舍默著，闾佳译. 当经济学遇上生物学和心理学. 北京：中国人民大学出版社，2009.

33. ［美］乔治·索罗斯著，宋嘉译. 超越金融——索罗斯的哲学. 北京：中信出版社，2010.

34. ［英］安东尼·波顿著，寇彻译. 安东尼·波顿的成功投资. 北京：机械工业出版社，2010.

35. ［美］劳伦·C·邓普顿，斯科特·菲利普斯著，杨晓红译. 邓普顿教你逆向投资. 北京：中信出版社，2010.

36. ［美］阿伯特·阿诺德，许仲翔，约翰·韦斯特著. 基本面指数投资策略. 北京：社会科学文献出版社，2010.

37. ［澳］普拉滕，西斯著，陈代云译. 数理金融基准分析方法. 上海：格致出版社，上海人民出版社，2011.

38. 齐东平. 大数投资. 北京：中国人民大学出版社，2012.

39. ［美］冯启思著，曲玉彬译. 数据统治世界. 北京：中国人民大学出版社，2013.

40. ［美］道格拉斯·哈伯德著，邓洪涛译. 数据化决策. 北京：世界图书出版公司，2013.

41. ［美］查尔斯·艾利斯著，笃恒，王茜译. 赢得输家的游戏（原书第六版）. 北京：机械工业出版社，2014.

后　记

POSTSCRIPT

按照惯例，书稿付梓之际，要写一篇后记。

本书是作者计划写作有关投资方法三部曲的最后一部，是伴随越来越长的投资实践设法将投资方法更简明易懂加以表达的成果，三本书以有所差别的表达方式阐述了以组合、低估值和长期投资为基本框架的投资方法。2008年出版的《投资企业法》强调，股票投资形式上是对金融资产的投资，但通过股票投资上市公司仍然是对实业的投资，而投资实业能够获得的收益本源来自上市公司的净资产及其所创造的利润，要想获得安全合理的投资收益，应该以组合投资的形式立足于上市公司净资产及其利润收益水平进行投资。2012年出版的《大数投资》强调，全部上市公司整体每年有合理的利润收益，能够保证合理收益水平的利润收益及其净资产增长是全部上市公司而非个别和少数上市公司，而按照随机抽样方法，选择少数且必要数量的上市公司进行组合投资能够实现对全部上市公司的拟合投资，因而也能获得安全合理的投资收益。《大数投资》一书还分析了优化投资收益的逻辑，即按照低估值配置降低投资初始成本，并在投资过程中通过逆向投资，以投资策略和交易准则进一步降低投资成本从而获得较高投资收益的原理。

本书在阐明上述内容的基础上强调，拟合投资全部上市公司不仅是对国民经济的优化投资，也是对人类生存这一终极价值的投资。一个国家的全部企业提供了全体国民生存和发展的必要物质基础，只要人们能生生不息地存在和发展下去，以此为基础的投资必然有一定的投资回报。本书进一步指出，大数投资方法的形成是坚持了科学思想，并以体现科学思想的科学方法和具体原理加以表达的。本书内容按照以下逻辑思路安排：做对事是人们做事情的基本诉求，做对事要有做对事的方法，方法取决于原理，方法的形成以及原理的采用决定于想做对事的思想，以科学思想和科学方法阐述相关内容是全书的主线。

后记中想特别提醒的一件事是，希望读者联系这三本书后记中的内容对大数投资方法的有效性做出独立分析和判断。每本书的后记中都有作者对当时市场环境下如何投资的建议，所提出的主张是否恰当，可以用其后发生的事实加以验证，由此人们也可以对大数投资方法是否有用做出更切合实际的判断。

三本书截稿时间不同，写作完成后，所遇沪深股市估值环境也有所不同。2007 年国庆节完成《投资企业法》的书稿时，股市连续两年大幅上涨形成了严重高估的状况。随后，股市经历了2008年暴跌和2009年大幅上涨，以及接下来持续两年多下跌的反复波动。2011年年底写就《大数投资》时，沪深股市下行到较低估值的水平。当2014年年底写完《终极价值投资》时，虽然股市整体并未出现高估的情况，但却出现了大部分行业股票高估或严重高估的情况。无论股市现状如何，也无论股市未来如何变化，按照大数投资方法，投资人都能游刃有余地应对。其道理并不是这种方法能预测市场涨跌，而是这种方法并不需要对市场未来波动趋势进行预测，在股市波动中只要根据涨跌后的估值情况进行逆向操作即可。现把上两本书后记中相关内容抄录于此，有助于读者对照后来所发生的历史事实做出判断。

在2007年国庆节交付出版社书稿的后记中，我提示投资人卖出严重高估的股票。当时的后记这样写道："回首自己坚持投资企业法这么多年的实践，我实际体会到了企业投资法的优越之处在于历久弥坚。短期看，这个方法似乎也存在不小的缺陷，股市暴涨时跟不上大势。我所指导的投资在目前大家正在经历的沪深股票市场暴涨的行情中也没能跟上指数的涨幅。一些在价值低估时买进、按估值标准严重高估时卖出的股票仍在疯涨。由于在股市上涨过程中不断减持一些严重高估的股票，收益率与大市相比打了一些折扣。当然，这样的结果已在预料之中，在股市暴涨中，秉持企业投资法短期可能会输掉大市，但是，正因为如此，也不必担心接下来的暴跌。长期无风险的、复利效应的收益才是运用这个方法所期待的目标。"如果读者能观察一下紧接着在2007年10月之后以及2008年沪深股市暴跌情况，便不难理解其中的道理。

我在2012年出版的《大数投资》的后记中鼓励投资人坚定信心，不要错过历史机遇及时投资。当时的后记这样写道："当本书稿最后编校完成时，时间转至2011年12月中旬，此时股市的估值水平已经再次下降到历史平均估值水平以下，我主张应坚定投资信念，在市场整体估值水平较低时买进那些估值更低的不同行业企业的股票构建长期投资组合，增加资金配置。这正如2007年8月股价严重高估时主张果断卖出一些股票的道理一样，并非基于能预见股市价格涨跌结果，而是基于市场的估值水平所做的判断。目前沪深证券市场平均估值水平为市净率1.6倍左右，也就是全部上市公司平均1元净资产价格为1.6元左右，几近历史最低水平。构建组合后即使股市继续下跌，投资人也不必担心，投资组合企业的净资产与全部上市公司净资产一样，随着企业每年盈利长期必定增长，股价因此最终也必然上涨，而且正因为目前估值水平较低，所构建投资组合的未来收益水平因此也会相对提高。"当时提到了在估值较低时买进那些估值更低的不同行业的股票构建长期投资组合，今天读者观察一下2014年那些低估值股票上涨的情况，相信也会做出合适的评价。

本书完稿时，我和千百万人一道，正准备满怀喜悦迎接2015年新的一年的来临。在谋划新的一年的投资时首先注意到，几年前直到2014年年中所配置的不同行业低估值股票绝大部分都大幅上涨，并且大多因为上涨幅度超过一年内最低价格的100%而减半卖出，有的超过一年内最低价格的2倍甚至3倍以上卖出比例更大，所持有的投资组合是估值尚未高估的企业或由高估替换为低估的企业。由此观察到，虽然沪深股市整体估值处于PB值2倍多的水平，尚未出现整体严重高估的情况，但结构性严重高估的情况比较明显，大部分行业估值水平都在2倍以上及更高的水平，整体估值水平不高则是因为银行业等少数权重较高行业估值较低所致。在这种情况下，建议已经进入沪深股市的投资人，暂时不要在上涨过程中再增加配置，而是伺机不断卖出高估的股票，配置或坚决持有仍然低估值的股票，其道理在交易法则中已经阐述，只有在下跌至低估值时买进、上涨至高估值时卖出才能降低组合投资的成本，从而获得较高投资收益。已经进入市场的投资人还可利用剩余资金参与一级市场申购和国债逆回购等得到无风险投资收益。再增加组合配置，还应按照投资初衷原则，等到市场价格跌回到估值水平较低时进行。建议准备进入沪深股市的新的投资人，只买进尚处于低估值行业的股票，买进多少可依据绝对胜算公式算出，那些严重高估行业暂无法配置股票的资金，可以凭借买进股票所获得的申购资格去参与一级申购，无申购期间投资国债逆回购等获取无风险收益。这样，今后无论股市是涨还是跌都能自如应对。

前后三次面对不同的市场估值情况对投资人有不同的投资建议，并非出于对之后股市的涨跌能准确预测的考虑，而是遵循大数投资方法以及具体操作原则而提出的思路。

市场价格无法预测，但投资并不需要以预测价格为前提。人类要生存发展，归根到底需要真实的能满足吃穿住用行需要的产品和服务，而提供人们需要的这些产品和服务，是以企业的组织方式实现的，因此企业才是人们能获得真实价值之所在，但企业能生产产品和提供服务的净资产及其利润，不会因市场价格激烈变化而显著变化。一个显而易见的道理是，同样的资产和收益，卖贵了即估值高了就不应该买，卖贱了即估值低了就应及时买。而且投资是个长期的事业，有时估值高了甚至接下来更高可能使投资人丧失暂时的投资机会，但估值有高就有低，秉持长期投资的理念就永远有投资机会。以人的生存为基础的长期投资，既是对人类终极价值的投资，也可以成为投资者个人终极价值的投资。投资是一项美好的事业，也是让人类共美好的信仰。

借《终极价值投资》一书出版之际，理应表达对一些人的感谢，考虑给予我帮助的人越来越多，即使列出一个长长的名单也会有所疏漏，在此仅对为本书的形成做出直接贡献的两人表达谢意，光大保德信基金公司的陈南荣研究员、中邮基金的吴剑奴博士为本书写作做了数据整理工作，尤其是陈南荣制作了本书的多份统计图，我对二位持续不断的辛勤工作不胜感谢。

感谢我人生旅途中的每一个人，谢谢这世界的美好！

2015 年元旦

图书在版编目（CIP）数据

终极价值投资——大数投资的方法、原理及思想/齐东平著. —北京：中国人民大学出版社，2015.5
ISBN 978-7-300-21337-8

Ⅰ.①终… Ⅱ.①齐… Ⅲ.①股票投资-研究 Ⅳ.①F830.91

中国版本图书馆 CIP 数据核字（2015）第 108967 号

终极价值投资
——大数投资的方法、原理及思想
齐东平　著
Zhongji Jiazhi Touzi

出版发行	中国人民大学出版社		
社　　址	北京中关村大街 31 号	**邮政编码**	100080
电　　话	010－62511242（总编室）		010－62511770（质管部）
	010－82501766（邮购部）		010－62514148（门市部）
	010－62515195（发行公司）		010－62515275（盗版举报）
网　　址	http://www.crup.com.cn		
	http://www.ttrnet.com（人大教研网）		
经　　销	新华书店		
印　　刷	涿州市星河印刷有限公司		
开　　本	720 mm×1000 mm　1/16	**版　　次**	2015 年 6 月第 1 版
印　　张	14 插页 1	**印　　次**	2023 年 6 月第 6 次印刷
字　　数	140 000	**定　　价**	68.00 元